平心靜氣

達賴喇嘛講

《入菩薩行論》〈安忍品〉

達賴喇嘛 Dalai Lama 著
周和君・許芳菊 譯
杜文仁 審定

Perfecting Patience

Buddhist Techniques to Overcome Anger

目錄

前言

大凡佛教眞理的教誨與開示，都是始於老師和學生之間的傳授，一九九三年，達賴喇嘛尊者於亞歷桑納州的鳳凰城（Phoenix）和圖克森（Tucson）對眾人所做的開示，當然也不例外。

遠溯至一九八六年，當時醫學博士霍華·庫特勒（Howard C. Cutler, M.D.）就曾邀請尊者到亞歷桑納州，但他的邀約在一九九〇年才獲得回應，同年九月，他又邀克勞迪·德斯提（Lopön Claude d'Estrée）跟他共同商討邀訪的確切日期。終於，一九九二年夏天，消息傳來：尊者已允諾於九三年秋要在亞歷桑納授課，還詢問他們應該教授什麼樣的課程。霍華和克勞迪的回答則是任憑尊者決定。不過尊者還是認爲，應由主辦人來決定教授什麼內容，才能最符合學生的需求。

於是過不久後，霍華便向尊者建議，不妨向學生們開示寂天有關「安忍」的教誨。爲什麼要特別擇定「安忍」這個主題呢？首先我們希望的是，這次開示的題材，在適用範圍上是普遍的。它除了要能吸引佛教信眾聆聽之外，還必須引發非佛教徒的興趣才行。第二點是，我們盼望尊者所教導的內容是非常實際，並能普遍應用於日常生活中的。第三，我們認為人們常因缺乏耐心去做反躬自省的功夫，以致自己心靈和外在行為都完全受瞋怒之火左右，這個現象如今已然成為現代文明的隱憂，因為瞋怒是世間諸多苦難紛爭和暴力的根源。我們在傳媒中到處可見憤怒瞋恨的訊息氾濫，這種情形在電視節目裡充斥尤為嚴重。我們目前置身在一個人們興訟成風的病態社會，在神聖國會殿堂道貌岸然的袞袞諸公身上，在日漸增加的家庭暴力和層出不窮的虐待兒童案件裡，以及普遍瀰漫在自我憎恨文化和疏離冷漠的個人主義作風之中，到處都有瞋怒的幽靈作祟。往昔人們以禮相待、充滿耐心和愛心等溫柔敦厚的懿德，似乎已杳如黃鶴，無跡可尋，成為一則渺遠遙不可及的神話。

寂天在其宏著《入菩薩行》的〈安忍品〉中，從起首第一頌就向眾生開示說，但凡在瞬間內心所生起的瞋心，都足以毀壞個人終生修行所積聚的功德福報。這說法乍聽之下似乎流於嚴苛，但若細思便會發現它其實別有深意。當我們對他人生起瞋怒時，自己常無法察覺這份怒氣會對別人產生什麼影響，更別提此負面力量擴散後將引發何種效應了。憤怒的衝擊確能產生漣漪效應而無限擴散：只因某人未能御怒而大發雷霆，結果就形成惡性循環的局面。而對治瞋心的解藥就是安忍。於是，寂天這本宏著的開示中有關安忍的部分，就成爲我們這個充滿喧囂浮躁氛圍的時代裡，世人最迫切渴慕的寶貴教誨了。

此系列演講課程內容是由亞歷桑納教學公司（Arizona Teachings, Inc.）負責策劃安排，該機構乃由庫特勒博士、德斯提以及肯．巴赫（Ken Bacher）共同創辦。我們希望能夠以嶄新風貌來呈現尊者這次所開示的內容。以往的演講，大都安排尊者住豪華旅館，然後另外再承租一間大禮堂，學員們則散住附近的飯店和汽車旅館中。這回我們希望達賴喇嘛的下榻處也兼容學員住宿，同時在該處就設有演講廳的大堂。本質上，我們希望能爲這五天的課程安排營造出一種「校園式」的氣氛；如此一來，每位參與的學員都能在輕鬆安適的氛圍下，充分享受彼此間的活潑互動。重要的是，要尋覓一處景色宜人又氣氛安寧的處所，一個能讓達賴喇嘛及其隨行人員，還有一般學生及家屬，都因自然景致而心曠神怡的地方。於是我們便選擇了位於圖克森以北，在奧羅山谷（Oro Valley）的卡塔利娜群山（Catalina Mountains）及索諾拉沙漠（Sonora Desert）所環繞的「征服者來來雪瑞登度假中心」（Sheraton El Conquistador Resort）。

在尊者蒞臨圖克森那天早上，整個沙漠區晴空萬里，當我們驅車接近奧羅山谷時，天空竟出現難得一見的疊影彩虹；尊者一見到這幅壯麗景致，得知開示課程將在這片美麗山谷內舉行，便不禁脫口讚嘆道，眼前這片美景眞是神似他家鄉拉薩那片美麗的山河。

於是，這次活動就在這些好兆頭引導下揭開序幕。在一九九三年九月十一日，藏曆水鳥年，在亞歷桑納州的普希山脈（Pusch Ridge）中，有無數天神及半神爲伴，並有一千六百位學員和眾菩薩、阿修羅以及乾闥婆齊聚一堂，前來恭聆西藏第十四世達賴喇嘛天津嘉措尊者——觀音菩薩之化身，開示寂天阿闍黎有關安忍的教誨以及菩薩道。我們祈願這些開示內容也能裨益眾有情。

克勞迪．德斯提

肯．巴赫

亞歷桑納教學公司

致謝

亞歷桑納西藏之友會的贊助與支持，特別是該會主席 Peggy Hitchcock 的大力協助，才使得我們這個剛起步的組織得以宣揚這些教誨，並且著手進行這次訪問所需的無數安排。此次訪問的大部分細節都是由 Bonnie Cheney 所統籌協調的三十多位志工處理打點。電腦記錄系統則是由 Dan Crowell, G. Gerg Bender 和 Richard Laue 所架設。

這本書的開示內容，是志工從尊者在這十六小時裡所傳達的口頭開示記錄整理而成：要特別感謝 Julie Jones, Karen Garland，Amy Zehra Conner 以及 Julie Montgomery。這些紀錄隨後由肯・貝赫進行編輯，並且由雪獅出版社（Snow Lion Publications）的 Kate Bolldgood 和 Susan Kyser 在格西・圖敦・金巴的大力協助下完成本書的定稿。爲了更有利於閱讀，記錄的內容做了小幅度調整；不過，編輯群一直竭盡所能保持達賴喇嘛的原音重現。

如果沒有聖座的私人秘書 Tenzin Geyche Tethong 和他的同事，以及西藏流亡政府駐紐約辦事處的 Rinchen Dharlo，還有在這次聖座開示中擔任翻譯的格西・圖敦・金巴的協助，這一切都不可能實現。

最後，我們要特別感謝我們的導師與典範—西藏第十四世達賴喇嘛天津嘉措聖座，感謝他的慈悲，爲亞歷桑納的民眾以及更廣大的芸芸眾生，提供這些教誨。聖座個人在安忍上的修行功夫，對我們所有的人來說都有莫大的啓發。祈願他能長命百歲，在這個充滿猜疑、衝突、憤怒的世界裡，爲他的人民，以及世界各地將他視爲澈悟愛與慈悲榜樣的民眾，繼續轉動法輪，開示佛法。

祈願眾生皆能受益。

克勞迪・德斯提
肯・貝赫
亞歷桑納教學公司

【英譯者導讀】

對耐心的挑戰

西藏的老師最喜歡說給學生聽的一個故事，是有關某位隱士與牧羊人之間的對話。某天，有位牧羊人碰巧經過隱士居住的洞穴。牧羊人見狀先是吃了一驚，然後向隱者叫道：「你一個人孤伶伶地待在這荒山野地幹嘛啊？」

隱士回答說：「我在禪修呀！」

「你在禪修些什麼呢？」牧羊人問道。

「安忍。」隱士答道。

緊接著一陣沉默。過了一會兒，牧羊人決定上路，他在轉身要走之際又回望那位隱士，大叫道：「順便告訴你一句話，你乾脆下地獄去吧！」

「你這話什麼意思，你才該下地獄去呢！」只聽見咆哮聲立刻由隱士那裡傳來。

牧羊人聞言大笑，提醒隱士：「別忘了你這會兒正在修鍊安忍功夫呢！」

這則簡單的故事微妙地反映出，一個人要修鍊安忍功夫時會面臨的重要挑戰：我們常會陷入某種怒不可遏的情況，而究竟我們該如何在回應時既保持自然又鎮靜自如？這種挑戰並不局限於宗教修行人才需要面對，而是每個在生活裡想要維持某種程度的尊嚴及風度的人，都必然面臨的挑戰。我們幾乎時時刻刻都可能遭遇這類試探自己耐心和容忍力極限的事情。無論是在家庭中或工作環境裡，只要處於跟人們互動的情況，我們就常會不自覺地流露出個人偏見，而我們的信念和自我形象也會遭到他人質疑和威脅。值此時刻，也正是我們最容易怒火攻心而暴跳如雷的時候。寂天於是向我們開示，所有這些外在挑戰都是對一個人性格的考驗，用來測試到底我們的耐力和包容力的修鍊精進到何種程度。

這故事也告訴我們，修鍊安忍並不是能孤絕於眾人之外而獨修可得。事實上，安忍所含藏的特質，正是必須在與人類同胞互動中淬煉而來。故事中那位隱士的直覺反應顯示，其內心修爲的精進程度，根本猶如孩童所築的沙堡般脆弱不穩定。讓自己置身於不受外界干擾的孤絕環境裡，滿心沉迷於要以安忍態度面對眾生的想法這是一回事，但在每天短兵相接的眞實生活中，與人們互動交鋒又是截然不同的另一碼子事。這說法並非貶低禪修本身的重要性。藉著這樣的獨自修鍊才能產生內省覺察力，否則我們的知覺就只能停留在知性的層面上。佛教也像古印度許多宗教傳統一樣，極力宣揚禪修法門乃邁向個人靈修之路的重要環節。但眞正能獲致安忍品格的試金石，依然是來自於和他人互動。

我們由隱士和牧羊人的短暫對談中還可看出第三個重點，那就是：只有當一個人能對自己的憤怒做某種程度的控制時，才能算眞正修得安忍功夫。人在面對惡言相向時會勃然大怒，當然是人之常情。但一個眞正從事靈修的人，應該表現超越人之常情的境界。這也是寂天在《入菩薩行》的〈安忍品〉中，所要教導我們的眞理。而在達賴喇嘛明白清楚的開示中，我們也能直探核心，對於「安忍」這個豐富精神特質的理念和修行方式做更深入的討論。

本書所著重於安忍的教誨，是宣揚大乘佛教的寂天所闡述的極重要教義，它鼓勵人們充分發揮無我精神，全心致力於眾生福祉。寂天的理念是否將人類的謙卑順服提昇到精神層次？這教義是否也鼓吹人們要寬容邪惡？那麼，面對各種合理化的憤怒和怨懟又該如何自處？寂天的這些教誨是否太過於不近情理，因爲它根本上就違反了人類本性？我想這些問題都是現代人在閱讀《入菩薩行》時，內心立即會湧現的問題。

寂天及其《入菩薩行》

在更深入探討安忍這個問題前，我們要稍微先談一下寂天的《入菩薩行》中第六章〈安忍品〉，這是本書中達賴喇嘛開示內容的主軸。本書成於西元八世紀，之後很快就成為大乘佛教的重要經典。傳說中，寂天被眾人要求在印度那爛陀一座著名僧院大學的集會中對眾僧說法，於是他當場誦念出這整本書的內容。據說當時大家要寂天對眾僧說法，事實上是想令他當場出醜來羞辱他；因為在眾人眼中，寂天是個鎮日無所事事的散漫之徒，他除了飲食、睡覺和大小便之外，對其他事一概相應不理。但事實上，寂天所過的是豐盛的內省啓悟和精進學習的生活。西藏人的故事中說，當寂天在眾僧面前吟誦到第九章〈智慧品〉時，他整個人身體騰空，不斷升高遁入天際消失無蹤，但他的誦經聲仍不絕於耳。

無論這則傳說的價值是什麼，我們都不能低估《入菩薩行》在印度文化和當代社會脈絡的文化性及重要性。這本書同時也是大乘佛教中最著名的典籍之一。對於修行者而言，《入菩薩行》是本重要的修行典籍，因其內容翔實勾勒出欲獲致大乘佛教中最高境界的證悟，所須明白的重要修行法門。在所有大乘佛教的典籍中，我們可以說，寂天的《入菩薩行》和龍樹的《寶鬘論》，至今仍是最能代表佛陀一生尊貴無我精神的奠基之作。對佛教學者及哲學家而言，第六章〈安忍品〉對於佛教所倡導的「中道」哲學的發展有卓越貢獻。而對一般佛教徒而言，本章的內容也成為他們在個人修行路上極重要的激勵泉源。直到今天，這本書的第十章，亦即最末章〈迴向品〉，都還是大乘典籍中，表達出最豐沛偉大的宗教情操之作。

《入菩薩行》對西藏人民造成的影響可能是無與倫比的。自從在十一世紀時被譯成藏文而流通於世之後，本書就對西藏人民的宗教生活產生極深遠的影響。這本書的重要性，可從西藏的四大教派：寧瑪、薩迦、噶舉及格魯派，均教導《入菩薩行》一事得到證明。本書除了吸引人們對大乘佛教的思想精義和修行法門做更廣泛深入的探討外，它的內容更導致了一種全新文體的誕生，形成一般人所熟知的所謂「修心」。這種宗教文學主要在探討寂天這部典籍中提到的兩大類問題，一個是喚醒眾生的利他之心，另一個是對眞如實相的深刻洞察力。為了證明本書對眾人的影響無遠弗屆，我可舉例大凡聆聽過達賴喇嘛演講的人，都會記得他常隨時在開示中引用《入菩薩行》中的文句。下面所引用的這段頌文，現在幾乎是眾人耳熟能詳的，因為達賴喇嘛曾一再指出這幾句頌文對他個人有極大影響：

只要這虛空的世界仍然存在，
以及眾生還流轉於世間，
那我就誓願長駐於世，
致力於令眾生離苦得樂而不懈。（第十章〈迴向品〉55頌）
〔乃至有虛空，以及眾生住，願吾住世間，盡除眾生苦！〕①

在西藏經院中，要求年輕喇嘛將整部《入菩薩行》默記於心早已成爲習俗，這樣他們就能隨時在集體誦讚時將經文唱誦出來。在藏文的譯本中，本書完全是以詩韻形式存在，每一頌都有四句對仗的詩句。時至今日，我都還記得自己與眾人共度夜晚時，一起背誦這些經文的愉快時光，當時我是在南印度的甘丹寺接受僧伽教育。

編按：註號○為編註；●為中譯註。

①本書中《入菩薩行》偈頌皆附上如石法師譯文，以利讀者對照理解。但有些譯詞會因所依據的解釋本而有不同，故與英譯本稍異。

之前，我曾提及現代讀者對寂天這本書可能會提出的一些問題，這些問題我想就留待寂天的詩句和達賴喇嘛的清澄見解來說明。然而，身爲達賴喇嘛此次開示的翻譯者，我將在此盡力提供個人微薄的解釋，以幫助各位更了解寂天和達賴喇嘛本人一些見解的相關背景。我這麼做，也是希望把這本書中的教誨內容放在一個更寬廣的脈絡中來看待。

在西藏，**soe-pa** 這個在此被譯爲「安忍」（patience）的字，它本身有各種的意涵。由字面上來說，**soe-pa** 表示「忍耐力」（forbearance），它的動詞字義爲「撐住」或「忍受某件事」，例如「忍受艱苦」。但當 **soe-pa** 用於描述某種特質時——例如形容一個人的性格，那麼它都被理解爲「容忍」（tolerance）。在西藏，一個人若具有成熟的容忍個性，人家就會說他爲「在 **soe-pa** 方面很高超的人」。但光是用「容忍」一詞，不足以掌握 **soe-pa** 的精義，因爲一個人可能個性容忍卻相當沒耐性。然而若某人被形容爲「在 **soe-pa** 方面很高超」，那就表示他也是個有耐心的人。我的意思當然不是說這個西藏字應該譯爲「耐心／容忍／堅忍」，因爲這種譯法會違反所有建構良善的書寫典範。我在此只是希望大家能夠注意到西藏語文裡的多重意涵，如此各位讀者至少能察覺其中所蘊含概念的複雜性。

寂天在提倡眾生應修行安忍時，並非要大家一味對於他人的虐待和剝削逆來順受，也不是在倡導眾人以不質疑的態度，單純地接受生命中的苦難和橫逆。他要宣揚的是一種對抗逆境的堅定態度。達賴喇嘛在其開示中對此有精闢見解和區辨。他說，我們應該區辨順服（meekness）和容忍。他認爲，唯有當一個人自覺地採取立場，不對實際出現或預見的傷害進行報復，他的內心才會眞正生起容忍之心。這兒的關鍵是「自覺地採取立場」。雖然寂天或達賴喇嘛都沒有特別針對「安忍」給出明確定義，但我們可以採用下列解釋來做爲其定義。「安忍」，根據佛教教義中的理解，它是「一種不受內外在干擾的影響，來自於安定性格以抗衡逆境的堅定反應」。這當然不是被動的順服，而是正面迎向挑戰的積極態度。寂天闡釋安忍是發生在三種情況之下，可稱之爲安忍的三大特性。它們分別是：⑴基於自覺而接受痛苦及困難的容忍心；⑵反省實相所產生的容忍心；以及⑶對他人所帶來傷害的容忍心。

寂天在〈安忍品〉中的第十二至二十一頌中，討論了容忍心第一個面向的特性。他由觀察到痛苦和受苦乃人生存在之本質談起，說明人若不願面對這個事實，只會招致更多的不幸。然後他又繼續論證說，如果我們能將個人生存本質終究爲苦的事實內化而全盤接受，就能對每天的生活產生極大助益。如此，我們便能把苦難視之爲靈性成長的淬煉。寂天認爲，當一個人能用這種態度來回應苦難的折磨時，就能無怨地接受人生中的痛苦和逆境，以追求靈性提昇到更高境界。理論上我們都明白這個道理。我們爲了讓自己免於疾病之苦，通常會願意忍受注射預防針的小痛。寂天在析論人類有能力訓練自己以忍受比現在更大的痛苦時，寫了以下四句有名的偈頌：

世界上從未見過任何事情，
不能藉由反覆熟習而更易。
由於人能漸習於忍受小害，
所以我學會耐心承擔大害。（第六章〈安忍品〉14頌）
〔久習不成易，此事定非有；漸習小害故，大難亦能忍。〕

寂天在討論安忍的第一項特性時總結道，我們若想在苦難經驗中尋覓深意，就應著眼於其中積極的意涵。他的結論認爲，人類正因在痛苦中體驗到生命的苦難本質，於是才由原先的靈魂受縛禁錮狀態，轉而躍升至幡然證悟、靈覺清澈的境界。同時也因受到人間苦難的淬礪，使我們體會何謂同體大悲的寬闊胸襟，而能在面對他人痛苦時悲憫地感同身受。此外，苦難使人心對邪惡事物有所畏懼，因而諸惡莫作的信念成為虔信者遵循的重要原則。最後，源於對苦難的湛然洞察，人類因而在內心更加嚮往靈性的自由解脫。在所生起的嚮往之情中，當然有許多屬於宗教情操範疇，當今讀者可能認為這些只適用於修行者而已。但在這本巨著中，我們見到了寂天的澈悟之見：如果我們以正確的態度面對苦難，那麼即使遭逢巨變之痛，我們仍能在其中找到正面的意義。

〈安忍品〉的第二十二至三十四頌，討論的是安忍的第二特性：容忍心乃來自於對存在實相的體悟。寂天在此主要的論證是在揭示，人類的外在行為及種種事件的出現，是如何由因果網絡所決定而成。這看法所要強調的事實是，許多遭他人傷害的情況，事實上乃源於種種對方無法控制的因素。按照寂天的說法是，即使我們不想生病，但仍不時受疾病侵擾。同樣地，我們雖不希望生氣，但卻常發現自己情緒完全失控。所以我們可以論證說，若只從孤立角度來看待事件背後複雜的因素，然後據此要求個人為其所造成的傷害負責任，這樣的看法並不合邏輯。為了更進一步說明這個觀點，寂天特別舉出他人以棍子擊打我們的事例。他說，在揮棍打人的行為中，棍子和持棍人兩者都必須為所造成的傷害負起責任。他由更深刻的層面論證說，我們擁有臭皮囊的事實正是致苦之因。此外，最關鍵的是，各種負面情緒的推波助瀾，促使一個人不斷造業。

我們可明顯看出安忍的第二個特性，它所強調的就是佛教教義中最基本的緣起論。在此觀點之下，世間不存在任何孤立事件，因為每件事的形成都是因緣和合而成。由於這道理有許多理解層面——因果論、緣起論，或我們的知覺與世界的相互關係——這種能促使人們對事情及他人行為產生更大包容力的對實相的澈悟，其深刻程度也有許多層級。例如寂天就向我們揭示，若能將世間萬象視為夢幻泡影，就能立即滅除個人的瞋害心。寂天以下列偈頌說明其看法：

所以世間萬事皆由眾因素相互掌控，
如此看來沒有任何事是完全自主的。
明白這層道理後就不應再心生瞋怒，
吾人應了悟世間森然萬象有如泡影。（第六章〈安忍品〉31頌）

〔是故一切法　依他非自主。知已不應瞋　如幻如化事。〕

這些頌文和寂天在第九章〈智慧品〉中的看法互相呼應。在〈智慧品〉裡，寂天論證佛教世界觀是基於對現象非物質性本質的了解後，便話鋒一轉提出下列疑問：到底得與失的是什麼？是誰在讚美或侮辱？痛苦與快樂又是由何而生？人間之悲喜從何而來？表面看來，寂天似乎在鼓吹漠然無情的寂滅，但若我們是用這方式理解，就完全誤解他的教誨了。寂天就像一位循循善誘的老師，把我們的注意力引向執欲與強烈情緒（諸如憤怒等）的密切關係上。當我們的心思愈要執著於某事物時，就愈容易患得患失而喜怒無常。雖然寂天對安忍的討論，是奠基於佛教哲學思辨範疇中對實相的證悟，但我認為其基本的論證並不依附於有關實相的理論。我們從自身經驗中可以發現，一個人愈是能看透每件事背後緣起因果律則的複雜性，就愈能以沉穩和包容的態度來回應世間萬象。

現在我們要談談安忍的最後一項特質：容忍他人所造成的傷害。或許是因為此特質極具重要性，寂天特別將之留在最後一部分（第三十四至六十三頌）中詳加討論。我們大概可以說它是安忍的三大特性中最為重要的一環，因為它討論的全是有關我們與他人的即時互動。無可否認，我們生活中最大的憤怒和挫折，都是源自與他人的互動。只有能做到與他人互動時不受瞋怒心支配，才有可能在修鍊安忍的路上有真正的進境可言。這對於誓願要將眾生由無明中救渡出來的大乘修行者而言尤然。當然，對這類修行人來說，既已在神聖的宗教儀式中立下誓願普渡他人，卻又對他人生起瞋怒心，這是十分不恰當的行爲。

寂天教導我們，對於那些傷害我們的人，我們寧以慈悲心而不用瞋恨心待之。他認爲會傷害他人者，就某方面而言是個身不由己之人。換言之，他們的行爲是源於無明的癡愚。這看法和基督教《新約福音書》中所勸告世人的道理不謀而合：我們必須原諒行惡者的作爲，「因爲他們不知道自己在做什麼」。事實上，寂天要我們更進一步去關心那些傷害我們的人和我們的敵人，要像愛惜珍寶一樣去愛他們，因爲他們給我們機會去修鍊安忍。他寫道：

這世間的確有眾多乞者，
但卻鮮少施加傷害的人；
因爲如果我不傷害別人，
也就不會有什麼人傷我。
因此傷我之敵彌足珍貴，
他們如珍寶般不請自來，
擁有此敵本當喜不自勝，

因爲他助我啓悟菩薩道。（第六章〈安忍品〉106—107頌）

〔世間乞者衆，忍緣敵害稀。若不外施怨，必無為害者。

故敵極難得，如寶現貧舍；能助菩提行，故當喜自敵。〕

這類頌文是達賴喇嘛常引用的經文，用意即在闡明敵人是我們最偉大的老師。而當他在跟中共當權者周旋時，這些道理是再適用不過的了，因爲中共的作爲對西藏的人民及土地造成極大傷害。一旦我們了解到達賴喇嘛的思想是植基於這樣的靈性修爲時，那麼對於他所聲稱的，有關內心並不記恨那些傷害藏民的中國人的說法，就不難理解了。

有時寂天會用一種看來極爲誇張的方式來論證其觀點，例如他曾舉某個有趣例證來說明，人若是因他人的傷害而起瞋心，是件多麼無謂的事。他要我們先澄心靜慮地細思，到底傷害他人是因人的本性驅使，還是只因某種偶發條件所引起？寂天說，如果原因屬於前者，那就沒道理生氣，因爲這和嫉恨火具備燃燒能力一樣地不智；若是後者，仍然不該生氣，因爲那猶如瞋恨天空被遮蔽一般地不當！所以寂天的結論是，無論使人生起瞋心的理由是什麼，到頭來它們全都無法自圓其說。而寂天此論證不管價值何在，都叫人無從反駁。問題是：我們對這類論證方式該抱持多認眞的態度？無可否認地，從一般讀者眼光來看這論辯，當然最好是以「思維實驗」（thought experiments）的觀點視之。我們知道當我們自認理直氣壯時，往往更顯得怒不可遏或狂怒不已。如果情況眞是如此，那麼即使是現代的讀者，也都應該能欣賞《入菩薩行》這種思維實驗的價值，因爲它深刻地向世人揭示出，對某些事勃然大怒是多麼地不合邏輯。

對治瞋怒

無論是寂天或達賴喇嘛，當他們在論述該如何對治憤怒和瞋恨時，無疑地都極爲具體清晰。事實上，寂天在〈安忍品〉中一開始就舉了鮮明例子來說明，人在瞬間所生起的怒氣，足以摧毀過去「千劫」所累積的修行成果。他更進一步斷言說，世間至惡莫若瞋怒，而人間至善莫如安忍。因此，他認爲我們皆應修鍊安忍功夫。在寂天看來，瞋怒行爲是修習安忍最大的障礙。若用大家熟知的醫學比喻來說就是，瞋怒心猶如毒藥，而安忍心就是那個能除去心靈毒素的妙方。達賴喇嘛的評論中說得很明白，在我們嘗試克服瞋怒心的過程中，寂天指出兩項極爲關鍵的要素。首先且最重要的一點是，我們對於瞋怒行爲的負面性有深刻體認是極爲重要的。

第二，寂天指出，我們應該對隱藏在瞋怒背後的那層因果機制發展出更深的認識。這點對現代讀者而言特別有意義，因爲現代人在閱讀《入菩薩行》時，總難免會將它與現代心理學裡各種對人類情緒探討的著名理論，做一番類比和連結。

在〈安忍品〉的第七頌裡，寂天有項重要的觀察心得，他認爲瞋怒之火的「燃料」，正是他稱爲令「精神不安適」的那個東西。這個論點相當有趣。藏文裡有個字是 yi mi-dewa，它可以翻譯成「頹喪」、「不快樂」，或僅只是「不滿意」。一般人常將此字理解爲一種無所不在的，幾乎是說不上來或不自覺的一種不滿意感。就是這份幽微擾人的感覺，令人總覺得有哪裡不對勁。寂天的意思似乎是說，這種隱約的不滿足感會引發人內心的挫折感。這情況若發生，就成了瞋怒的溫床，一旦遇到任何不順心的事，怒氣就會引爆。而只要不滿意、挫折及憤怒三個肇因間的連鎖關係被大家所了解，那我們就能欣賞寂天在對治憤怒時所採取論證的優點。我們也因此能看出，他大部分的論證其實都在挖掘我們內心隱藏的不滿意感。他不是鼓吹採用硬碰硬策略，要人們去跟爆發力十足的怒火做正面衝突。這也是寂天一再強調反思的重要性的原因，因爲唯有透過不斷反省，我們才能讓心靈沉穩。至於特定法門的修行方式，讀者可參照達賴喇嘛在本書中的詳細指示。

必須要說明的一點是，寂天在討論中似乎並未區別憤怒（anger）和憎恨（hatred）。然而達賴喇嘛的評論卻清楚地強調兩者的分別。他認爲，原則上我們能夠接受某種名爲「正面之怒」的舉動。對於人間大不平的正義之怒，通常可以成爲積極利他行爲的重要觸媒。但若內心只有恨意，就不可能產生此類正面效果。對達賴喇嘛而言，憎恨本身並無美德可言，因爲它只會腐蝕一個人的靈魂，毒化他和別人互動的關係。以他的說法就是，憎恨才是我們眞正的敵人，它是個人內心之大敵。或許我們可以說，憤怒和憎恨最大的不同，在於心中是否蘊存著惡念。一個人有可能含怒卻不對他人心存惡意。而達賴喇嘛教導我們要控制自己心中所升起的怒意，不能任其發酵累積成毀滅性的恨意。我想這點是很重要的道德訓示。

對於這本談論該如何對治情緒及培養安忍性情的書，把它論證中的一些綱要性原則做個說明，應可更有助於一般讀者了解。其中一個重要原則是某種可稱爲心性可塑性（plasticity of the mind）的信仰，亦即相信人類心性具有無限發展的潛能。這個原則可以由對心理學和心智運作模式的複雜理解得到印證。寂天和達賴喇嘛的論證並未脫離歷史悠久的佛教心理學和心靈哲學的範疇，這些教義與哲思對人類五識的運作都有詳盡的析論。一般而言，由此觀點來審視心靈，是將它放在一個複雜、靈活的架構下來剖析，在這個層面中，人類心理（psyche）的認知及感情面向被視爲一個整合體。因此，當這兩位大師告訴我們該如何對治憤怒等情緒時，他們其實並不主張用壓抑的方式。佛教徒和現代心理學理論都同意，若是一味壓抑怒意，只會對身心造成戕害。佛教的御怒法門，是以斬草除根的方式將憤怒的根基除去。換言之，寂天和達賴喇嘛採用的方式，是重新導正我們性格的發展方向，使我們漸漸修鍊到對事物不再產生強烈情緒反應的境界。這是本書所提倡的對治之道背後，各位應該要了解的精義。這個要旨很簡單：調伏你的心性。寂天用了一個極佳的譬喻來強調這種內在修鍊的重要性：

我怎麼可能覓得足夠皮革，
來達到完全覆蓋大地目的？
但如今只要靴底有塊革墊，
那不就等同於覆蓋了大地？
這就好比憑我一人之力，
無法完全摒除外在干擾；
但我能調伏自己的心，

那又何需費神對治其他？（第五章〈護正知品〉13—14頌）

〔何需足量革　盡覆此大地？片革墊靴底，即同覆大地。

如是吾不克　盡制諸外敵；唯應伏此心，何勞制其餘？〕

這兩段頌文當然和《法句經》中佛陀的著名經文十分神似：

這顆心是如此幽微難辨，

隨心所起意念紛至沓來；

但智者就懂得調伏心性，

訓練有素的心性帶來大喜悅。（第35頌）

寂天稱此基本的佛教修行爲「護持心性」，他在《入菩薩行》的第五章中對此有大篇幅的討論。

我還希望讀者注意的另一項原則是，寂天教誨中實用的一面。他並不相信世間存在任何放諸四海皆準的解決方法，而他的論證策略涵蓋範圍相當廣泛，包括我們所有的內在力量來源。他有許多論辯是訴諸人類理性的。但他也不忘動之以情，直探人類內心最根源的情感，並且還不時訴諸我們的道德勇氣。所以，他採用諸種策略的底線似乎是：「採行效果最佳者」。最後我想要析論的是，本書中許多論證其實都是奠基於人之常情。例如，達賴喇嘛常喜歡引用的下面這幾句頌文，就是鼓吹修行的最佳例證：

如果事情尚有轉機，
那又何必憂悶不樂？
如果事情已頹敗不濟，
那麼徒然煩惱又何益？（第六章〈安忍品〉10頌）
〔若事尚可為，云何不歡喜？若已不濟事，憂惱有何益？〕

或許對現代讀者而言，最重要的一點是，寂天和達賴喇嘛都不相信有「頓悟」這回事。在他們教導的法門中有個基本假設，那就是內心修鍊是一項耗時的過程。事實上，正如達賴喇嘛所言，若修行者一心期待能立即出現成果，這反倒是最沒耐心的表現，也與本書的宗旨大相逕庭。很諷刺的是，他觀察到現代人有種要不得的心態，那就是修行時竟希望能用「最好、最快、最容易，而且可能的話，最便宜的方式」。因此，一個人若想走上提昇靈性的道路，就應有奮勉精進之心，更需有長期履踐之願。無論如何，踏上修行之路的內在收穫是豐富無比的。即使就當下而言，這種耕耘內心的努力也會爲人生的逆旅帶來許多利益。如果達賴喇嘛本人堪稱爲在靈修路上得到正果的代表，那麼正果的裨益是毋庸置疑的。

圖登京巴格西（Geshe Thupten Jinpa）
劍橋大學格爾登學院

1

憤怒與憎恨

一般而言，全世界各大宗教都強調愛、慈悲以及容忍的重要性。佛教的哲學傳統尤其如此，包括上座部、大乘和密咒乘（佛教中的祕教傳統）皆然。這些宗派都認爲慈悲和愛是所有靈修的基礎。

要發展慈悲心懷、發揚潛存於人們內心中的愛和慈悲，很重要的一環就是要對抗與這兩個特質相反的勢力。正是依循這個脈絡的考量，修鍊安忍和耐心就變得非常重要。因爲唯有藉著耐心，才可能克服種種障礙，使人獲得大悲心。

當我們談到耐心或安忍時，應該了解到它們又分成許多層次。其差別程度可由單純的容忍，例如忍受一般的冷或熱，到最高的安忍境界，如一些偉大修行者所示現的風範——這是菩薩們在佛教之路上所處的極高層次境界。既然所謂的耐心或安忍心，是來自於面對橫逆或不利情況時仍能堅定沉穩的那份定力，我們切勿把這份定力的表現視爲懦弱，而應視其爲由一個人內心深處所展現的力量，能使人在危困中保持不動如山。大致上我們可以這樣界定耐心或安忍的意義。我們發現，即使能忍受某種程度上的生理煎熬，像是酷寒或炎熱的氣候，我們的心態也會造成極大差別。如果我們了悟自己忍受眼前的痛苦，能夠帶來將來長遠的利益，那我們就比較能忍受每天生活的艱辛。同理，在那些高層次的菩提道修行者身上，智慧也扮演著重要的補充因素。

修鍊安忍功夫的價值，除了佛法中所提出的觀點之外，即使在日常生活中去體驗容忍和耐心也會有極大助益，這樣的功夫能使我們維持內心的安穩，心境寧和，平靜沉著。所以如果一個人能具備安忍功夫，那麼即使他身處一個極緊張的環境，充滿令人窒息的瘋狂和壓力，但他內心的安穩和平靜沉著，會使他不受外界的干擾。

我在此演講系列要教導的是一部佛教經典，特別屬於大乘佛教的典籍。這部典籍中所提出的許多修行法門，是從一個致力於大乘佛教菩提心之養成，並循菩薩原則而生活的修行人觀點。然而其中許多禪修方法和技巧，對於那些不是修菩薩道，或是不以佛教爲個人信仰者而言，也同樣適用。

此典籍梵文名稱爲 *Bodhisattvacharyavatara*，譯爲《入菩薩行》（*Guide to the Bodhisattva's Way of Life*）。談到菩薩之行爲，一般分爲三種層次。首先是邁入菩提道，這主要是指發菩提心，爲利益眾生而求能獲證悟之心。再接下來就是實際的行持階段，其中包含「六波羅蜜」❶的修行。「六波羅蜜」是最能令人生起菩提心的戒律，其中之一即是忍辱。最後，菩提道的最

❶又稱六度，即布施、持戒、忍辱、精進、禪定、智慧。

高境界正是證悟佛性，這就要由修行六度中得來。

《入菩薩行》的第一章裡，寂天談到發菩提心所產生的價值和好處，發菩提心即誓願爲利益眾生而證悟佛性。他說道：

我要向懷有神聖珍貴心靈者
深深地頂禮致敬。
我要依在那喜悅泉源之中
他爲眾生帶來幸福連敵人也不例外。（第一章〈菩提心利益品〉36頌）

〔何人生此心，我禮彼人身！誰令怨敵樂，皈敬彼樂源！〕

寂天在這首偈頌中說，由於利他之心能夠發展成利益眾生的無限大能，因此，但凡能生起利他之心的人，就必然是位眞正值得吾人景仰尊崇的對象。因爲，內心生起無限利他之心，不只是個人世界喜悅和幸福的泉源，更能利益無數蒼生，凡是有緣能與此人相遇親澤之人，即使是十惡不赦之徒，都會在生命中受到極大震撼而改變一生。即使某人犯下罪業或與別人產生惡緣而引致現世惡果，但只要到最後能有幸接近這種心懷利益眾生大願的人，那麼他的未來仍能被導向積極光明的結果。這就是無限利他主義的強大力量。

這個無限利他主義的眞正基石是「慈悲」。正因如此，月稱（Chandrakirti）並不像一般經書的作者那樣，在作品起首處先向佛陀或某位觀修的本尊致敬，他在《入中論》中先向慈悲心致敬，並指出保有慈悲心的重要性。就初學者而言，慈悲的價值不容忽視。當一個人走上靈修之路時，那就絕不能低估慈悲的價値和重要性。即使已臻了悟佛性的正果悟境，慈悲仍有其重要性與價値。世界上各大宗教，縱然有不同的法門來教導慈悲信念，有不同的教義讓世人明白抱持慈悲態度的重要性，但它們都強調慈悲是積聚福德的靈修基礎。它的存在非常重要。

所謂的慈悲心，可約略界定爲：非暴力、不具傷害性或侵略性的心態。因爲有這層特性，因此存在著將慈悲與執著或親密兩者互相混淆的危險。

所以我們發現有兩種類型的愛或慈悲。其中一種是建立在執著心或是沾染執著色彩的慈悲或愛。這類的愛或慈悲以及親密感，是相當偏頗又有偏見的，因爲其立基點是出於對某個親愛對象的感情或執迷。另一方面，眞正的慈悲是不受此類執著束縛的。那是由於眞正的慈悲心並非出於某人是我的朋友、摯愛，或是有關係的人。眞正的慈悲心懷是奠基於理性考量，那就是相信眾生都像自己一樣，有與生俱來想要離苦得樂的欲望；他們也跟我一樣有權利去實踐這份基本願望。我們是在對這份眾生平等及共同性有所認知的基礎上，由內心發展出眾生一體的親密感，基於這份同體感，一個人才產生了愛和慈悲之心。這才是眞正的慈悲。

另外，很明顯的是，一個人的心智或智慧發展層次，也對一個人拓展慈悲心懷的深廣程度，產生輔助性影響。在佛教裡，對慈悲的討論共分成三種主要類型。第一種是不受智慧因素影響的慈悲；第二種慈悲心，則加上對有情眾生的短暫本質（即無常本質）深刻的澈悟；第三種慈悲心稱爲「無相慈悲」，這是擁有完全了悟實相終極本質之智慧後，所產生的慈悲心。到達此悟境的人，能夠看清人類本質中的空性，而這份知見更強化其對眾生的悲憫胸懷。雖然這種眞正的慈悲心和無限利他的胸懷，需要經由有意識的修鍊和發展才能陶養而得，但實則每個人都擁有發展菩提心的潛質。

我不但相信眾生都與生具備著發展慈悲心的潛能和基礎，也認爲人類本性是「柔軟心」。不僅人類本質如此，我覺得天下有情眾生皆是如此。我的這個信念還有其他立基點。例如，如果我們審視一下人類由幼小到老年之間的存在形態，就會發現自己的生命是多麼地受到相濡以沫的感情滋養，當我們被他人所愛時，內心是如何地受到影響。此外，當我們自己產生情愫時，它又如何自然地影響著內心世界。情感因素不僅會深深影響內心的運作，使我們的行爲更健全、更有情義，它甚至會影響到一個人的身體健康和安危福祉等等。我們同時也須注意到情感出現負面情況時對健康的耗損甚巨。基於上述理由，我認爲我們可以論斷人類的本性是感性而柔軟的。如果情況眞是如此，那我們努力地嘗試依循自己柔軟的本性來過生活，應該是件相當合理的事情。

然而，證諸現實生活，我們卻發現不僅是在自己內心世界中，甚至在家庭與他人的互動，甚至在社會、國家，甚或全球性的層面上，到處都有衝突和緊張關係的出現，而這些現象又該如何解釋呢？

我認爲造成這些衝突紛擾的原因之一，是在於人類的想像能力，或者換個說法，人類的智能。而要克服這些衝突的方法和手段也是來自於我們的智能。因此人的智能猶如兩面刃，它既能帶來衝突，又能克服矛盾。所以在使用智能時，有項重要因素必須考量到，那就是人類的慈悲心。我想，若審視眞相時，就會清楚看見，克服衝突的最佳之道，就是要有和解的精神，甚至面對自我衝突時亦然。而這份精神，與慈悲心有極大關係。

慈悲的特性之一即尊重他人的權利及看法，這是彼此和解的基礎。我相信當人類的和解能力立足於慈悲心的時候，雙方內心深處會有法則運作，但當事人卻不見得能清楚察覺此律則之存在。於是乎，因為人類本質是柔軟的，所以不論經歷了多少暴力和悲慘之事，最終的解決之道還是會再回到訴諸人類基本感覺的方式，也就是回歸人類的情感。所以人類情感或慈悲心不只屬於宗教範疇，而是我們日常生活中不可或缺的質素。

有了這層認識之後，再省視修鍊安忍心這件事，就會發現這真是件值得做的事。無論多麼困難，修行安忍功夫都是值得踏上的靈修之路。

寂天在〈安忍品〉第一頌裡寫道：

1

無論你曾做過多少善行，
如供養諸佛或布施眾生，
這些千劫累世所集善業，
都能因片刻瞋怒心而毀。

〔一瞋能摧毀　千劫所積聚　施供善逝等　一切諸福善。〕

這首偈頌的含意是說，修行者要能成功修鍊到安忍功夫，就必須具備極大熱忱和意志，因爲一個人內心熱忱愈充足，也就愈有能力抵抗在修行過程中所遭遇到的艱辛險阻。非但如此，我們還需具備自願接受磨難的心念，因爲這是修菩薩道不可或缺的一環。

也因此，修行初階的人，內心需要有極大熱忱。因爲無論是向內觀修瞋恨本身極具毀滅性的本質，或是省察安忍心帶來的正面影響，都得具備發心的熱忱。

我們在此頌中也讀到，人一旦生起瞋恨心，甚或只是須臾功夫，也能將累世所積聚的功德福報損毀殆盡。而月稱在《入中論》中也說道，我們於瞬間生起的瞋恨心，足以毀盡百世累積之善業。這兩本經典中說到摧毀程度之差異，在於我們所瞋恨的對象有別。若是一位非菩薩對某個靈性極高的菩薩起瞋恨，那麼此行爲所造成的傷害力就嚴重得多了。但若生氣的對象和自己地位相當，自然所減損的善業也會少些。所以我們瞋恨的對象也造成損害福德程度之別。

但是在談到人們千百劫來所累積的福德，卻只因一念瞋恨心而毀時，必須要說清楚到底是摧毀了哪些善業。《入菩薩行》及《入中論》裡面都同意，瞬間生起之瞋恨心只損害到某些令人羨慕的福德，亦即對修道上方便善巧部分造成損傷，卻較無關乎智慧的面向。特別是藉由持戒及慷慨布施所累積而得的福德，會受到相當大的影響。但若是由智慧行，或是經由觀修而對勝義諦產生證悟，這些由禪修中得到的智慧並不屬於瞋恨所能摧毀的範疇。

在這兒提到一個字——「劫」。這是佛教系統中一個特殊的衡量時間的標準，這是植基於阿毗達摩論藏系統，其中的「劫」指的是一個「大劫」，它是由二十個中劫組成。這算法又與佛教的宇宙觀有關，我們將時間的演化分爲四大階段——空無期、演化期、滯留期及毀滅期，所有這些分類都是依照此精確的時間系統。把這套系統與當今依據大爆炸理論所發展出的宇宙觀做一番比較，可能會相當有趣；大爆炸理論所解釋的宇宙演化是起源於約一百五十億到二百億年前。

根據此頌的說法，我們因洞察的智慧而得到的諸福德，特別是由澈見勝義諦（了悟空性），或了悟、獲致「止」（shamatha，奢摩他，靜定或心志專一）所得到的福德，都不會受到瞋恨心的影響，由此可見，發起「止」以及澈見空性的價值有多麼高。

第二頌如是說道：

2

世間眾惡莫過於瞋怒，
修行最難莫過於堅忍。

故此應精進於各法門，
努力苦修安忍之功夫。
〔罪惡莫過瞋，難行莫甚忍；故應以眾理　努力修安忍。〕

一般來說，人常有各種負面情緒，像是自負、驕慢、嫉妒、貪婪、縱欲、心胸狹窄等等，但在這之中，尤以瞋恨心為首惡。這是由兩項緣由所造成：

其一，瞋恨心是在靈修路上要走向開展菩提心的最大絆腳石，會阻礙一個人產生利益眾生和善良之心。憤怒和憎恨皆為極大障礙。

其二，當人的心中生起瞋恨心，就會擾亂原有的良善美德和心靈寧靜。因此瞋恨被視為首惡。根據佛教心理學的看法，憎恨是人類六大煩惱之一，藏文是「zhe dang」（藏文拼法：zhe sdang）。藏文的這個字可譯為英文的「憤怒」或「憎恨」。但我認為此字在此應譯為「憎恨」較妥，因為英文的「憤怒」，有時也可指在非常特殊情境中，包含正面意義的正義之怒，特別是指因慈悲心生起或成為積極行為觸媒劑的義憤。在這些特殊情況下，憤怒就有積極正面的意涵。但憎恨本身並未包含正面力量，它是完全負面的。

既然「憎恨」在本質上完全負面，所以它絕不應在密續文本中被譯成藏文的「zhe dang」。有時候我們會聽見有人說「將憎恨導入正道中」，這是種誤譯。在這情況中用「憎恨」是不正確的，應該用「憤怒」才對：「化憤怒爲修行力量。」所以，雖然藏文的「zhe dang」包含「憤怒」和「憎恨」雙重意義，但因「憤怒」可能有正面意涵，所以當「zhe dang」指的是痛苦難堪的情緒時，就必須翻譯成「憎恨」才妥當。

第二頌的後兩句說道：「故此應精進於各法門，努力苦修安忍之功夫（故應以眾理，努力修安忍）。」由於修行的目標是增進一個人容忍和鍛鍊耐心的能力，因此需要對抗憤怒和憎恨的勢力，尤其是憎恨心。人應該善用各種修行法門來增進對安忍心的熟稔程度。這其中不僅包含實際生活所遭遇的情況，還要運用想像力來擬想各種打擊煎熬的難關，然後再試想自己該如何加以對治。我們就應如此反覆治煉心志，嘗試對抗憎恨意念以精進安忍的功夫。

3

如果內心執守憎恨之念，
我的心靈就不能得寧靜。
我也感受不到喜悅快樂；

內心只有煩躁夜不成眠。
（若心執灼瞋，意即不寂靜，喜樂亦難生，煩躁不成眠。）

這首偈頌裡描繪出憎恨心的毀滅性效應，全都是清晰可見又立即直接的。例如，當一股強烈的憎恨意念生起時，它馬上就會以排山倒海之勢完全壓制一個人，破壞內心的寧和鎮靜。當怨恨思緒駐存心頭時，它會使人感到情緒亢奮急躁，失去食欲，進而夜難成眠等副作用都會出現。

平心而論，我相信人類存在的目的是爲了追尋幸福和滿足。即使是從佛教徒的觀點來看，當我們談到快樂的四因，或是完滿的四因時，前兩項指的仍是得到世俗意義上的喜悅和快樂，而暫把宗教或靈修上的終極目標，如解脫或開悟等先放在一邊。而前面這兩項追求喜悅與快樂的要素，也就是世俗所了解的意涵。要能更完全地體驗喜悅和快樂的境界，關鍵在於個人的心靈層次。然而在追求喜悅與快樂的道路上，會受到眾多因素影響，其中又包含我們一般所認爲的快樂根源，那就是要具備健康的身體，因爲這被視爲快樂人生的必要條件。另一項要素是財富的累積，一般世人也視此爲喜悅和快樂的來源。第三項因素爲有朋友或同伴爲伍，一般都認爲人生若要圓滿幸福，就應該有些能信賴和傾吐的朋友爲伴。

以上諸項因素確實都是快樂之源，但若希望能充分利用這些條件，達到享受幸福及美滿人生的目標，那還得加上個人心境層次的考量。如果一個人內心存駐著憎恨思緒或強烈憤怒，就會摧毀健康，也抵消了其他正面因素。即使某人家財萬貫，但若心境處於強烈憤恨的狂飆狀態，也會對財富不屑一顧，只想棄之而後快。因此，單憑坐擁財富，並不能保證就能得到喜悅或滿足。同樣地，當人處於瞋恨心境時，就連看到密友都會覺得「不順眼」，覺得人家冷淡而陌生，或是「相當討厭」。

這些所指的都是，一個人能否獲得喜悅和快樂，取決於個人的心境如何。所以我們先撇開修行法門的觀點，就世俗的意義而言，就我們享受每天快樂生活的層面而言，愈能保持心靈寧靜的人，就愈能享受快樂和喜悅的生命。

然而，在談心靈寧和狀態或內心平靜時，切勿將其與完全漠然無動於衷的心靈痲痺狀態混爲一談，因爲後者是種無感情，類似「失心」或完全空洞的情形，這跟我們所謂的保持心靈平靜寧和大不相同。

眞正的內心平靜乃植基於慈心和悲心。這其中蘊含著極精細的靈敏度和情感。一旦我們缺乏內心修鍊，無法維繫心靈之寧靜，那麼無論外在條件如何有利，也絕對無法尋得喜悅和快樂感。另一方面，若是我們擁有內在心靈寧靜的質素，以及某種程度的內在沉穩，那麼就算外在物質條件極爲不足，我們仍能擁有幸福喜悅的生活。

如果仔細省視我們內心生起的憤怒或憎恨之情，就會發現它是出自於受傷害感，是我們感覺無法得到預期他人的對待時所產生的挫折感。如果我們在當下就仔細檢視這股憤怒生起的方式，就會隱約感到它以保護者姿態，像個朋友般出現，來幫助我們對抗或報復那些傷害我們的人。所以當憤怒或憎恨之情由內心生起時，它看來是有護盾或保護者的面貌。但事實上這只是幻影，它是在非常妄謬心境下的產物。

月稱在《入中論》中提到，如果以牙還牙的報復手段，能夠在某方面有所幫助，或能避免、降低已造成的傷害時，採用此策略或許還有些道理。但事實並非如此，因爲若是傷害已造成，那它就是發生過的事了。所以無論如何，採取報復手段都不可能減低或避免傷害之形成，因爲這一切都已是既成事實了。

反過來說，若是不以容忍而用一種負面方式來回應困境，這麼做非但不會有立即好處，反而會爲將來的挫敗預先埋下種子。從佛教觀點來看，採取報復行爲的後果只能由當事人來承擔，所以生起瞋怒心不僅沒好處，還會對個人的未來造成傷害。

然而，若是有一方受到極不人道，簡直殘酷到難以言喻的虐待，那麼這個加害者本身可能會受到極嚴厲的果報。這種情況就得採取反制行動。在此情況下，心懷慈悲而不帶瞋恨地採取實際行動與之對抗，是有可能的。事實上，在佛陀誓願中就有一項看法是，當情況迫不得已時，就要採取激烈的反制手段。而若是在情況需要時，一位菩薩沒有採取強烈對抗手段，那他就算是違背了自己當初修行時的誓願。

此外，正如《入中論》中所指出的，生起瞋恨心不僅會導致未來生中墮入「三惡道」❷，而且在瞋念熾旺、怒火攻心的瞬間，無論一個人怎麼努力維持體面樣態，那副憎惡的怒容都是十分醜陋的。那是種令人不愉快的表情，而且生氣的人身上所散發出的磁波力（vibration）也極具敵意。這些力量，周圍的人都能感受得到，其明顯程度猶如我們感受到有一股股蒸氣由那人體內散逸而出。這些微妙的情緒波動不僅人類能夠感知，甚至連寵物或其他動物都會在那刻間盡量避開怒火中燒的人。

瞋恨心的產生帶來許多立即後果，它會使發怒者的外形變得面目可憎。此外，當內心產生強烈憤怒和恨意時，就會使我們腦中辨別是非、評估事情後果的部位，變得完全無法運作。盛怒之下的人，腦子根本無法發揮功用，就好像陷入瘋狂狀態似地。這些都是內心產生憤怒和憎恨所帶來的負面效應。當我思及瞋怒的負面及毀滅性後果，我心中就了悟到，應該要讓自己跟這種爆發性的情緒發洩保持距離。

若就瞋恨心所造成的毀滅性後果來考量，即使你是個百萬富翁，也無法因財富而得到保護，你仍會受這些瞋恨力量的轄制。而知識也無法使人免受這些傷害。同樣道理，法律也不可能保證你能受到庇護，或甚至核武，無論防禦系統是如何精細，都不可能使人受到保護，免於憤怒所帶來的負面效應。

而唯一能使人免於瞋恨心毀滅性後果影響的，就是修鍊安忍的功夫。

禪修

現在，我們禪修五分鐘，回想一下我們到目前為止所討論的內容。

❷指畜生、餓鬼、地獄三道。

答客問

問：前幾天在您的談話中，我相信您曾提到我們的本性是慈悲又柔軟的。

答：是的。

問：那麼瞋恨又來自於何處呢？

答：這問題需要花好幾個小時來詳盡討論才行。由佛教的觀點來看，簡單的答案是，瞋心由無始以來即存在。而更進一步解釋是，佛教徒相信人的意識分成許多不同的層面，其中最精細的意識就是我們所視爲前世、今生以及來世的基礎。這個精細意識是由因緣條件形成的結果所造成的一種過渡現象。佛教徒認爲意識本身不能由物質中生，所以，我們唯一能做的就是接受意識本身乃接續不絕的事實。這也是整個輪迴理論的基礎。

在有意識之處，無明和憎恨也自然隨之而來。這些負面性的情緒，就和那些正面情感一樣，都是由無始以來就已存在的。所有這些東西都是人類心識的一部分。但這些負面情緒實際上沒有基礎可言，它只是源自「無明」。無論負面情緒威力多麼驚人，都只是鏡花水月般的幻影。相反地，正面情緒——如慈悲或智慧，它們卻有所本源：那是一種源於人類理性和證悟而來的力量，是憤怒和憎恨的傷害力量所無法比擬的。

精細意識本身的基本質素是某種中性特質，所以這些負面情緒是可以淨化或消滅的。這個本質我們稱之爲「佛性」。瞋恨和負面情緒是由無始中生；它們雖由無始中來，卻有結束之時。意識本身是無始終的；關於這點我們可以確定。

問：我們要如何判斷何時該採取強烈的反抗手段，以及該用什麼樣的手段？請描述一下，我們可以從您對西藏遭受滅族屠殺的反應行動中學到些什麼？

答：我們在面對有人意圖傷害時，必須採取強烈反制手段的原因是，若任由對方肆虐，那個人就有可能陷入危險，變得耽溺於極端暴力的負面行爲中。就長遠而言，這將導致個人失敗，對他或她本身極具毀滅性。因此，基於慈悲心或關切對方招致惡業的理由，採取強烈反制手段實有其必要性。

有關我們與中國政府一向的交涉方式，一般總盡力試圖避免負面情緒出現。我們有意識地不讓自己被瞋恨心沖昏頭。所以如果內心生起類似憤怒的感覺，我們就刻意自我觀照省察，減緩那些負面情緒，甚至刻意培養自己對中國人的慈悲心。

我們之所以對敵人心存慈悲，原因之一是，這些犯下罪業的人實際上是處於致因階段，他們的作爲所累積的諸多惡業，將在來生中導致悲慘後果。由此觀之，這些造業者的處境實在值得憐憫和同情。

我們就是藉由這樣觀照反省的思維模式來跟中共交涉。你說得沒錯，西藏人可說是表現個人如何以安忍化解仇恨和敵人侵略的範例。而同時我們也決不肯稍或忘記應緊緊持守的原則，以及在必要時採取強烈反抗手段的重要性。

問：即使內心不懷憎恨地採取反制手段，似乎也會更加激化對方的恨意。我該如何處理這種情況？

答：我認爲這是個非常好的問題。在這種例子中，我們得視情況來決定當時該如何回應。達成這些判斷有賴於對實際狀況的前因後果和情境有精確的敏感度。有些情況正如你所言，雖然心中了無恨意地採取強烈反制手段，也可能激化對方的憎恨之情。若情況如此，那或許讓事情隨順發展，不要激烈對抗爲宜。

但是在這個時候，你必須衡量後果的得失輕重。如果不加以對抗會使對方將來耽溺於傷害他人的行爲，也就是反而適得其反的話，那不妨採取激烈對抗手段。但若採激烈手段又會激化對方恨意，形成白熱化衝突局面，那不妨先息事寧人，待事緩之後再說，切莫只圖以暴制暴。因此輕重得失必須拿捏得宜。

這情形就像佛教教誨中所說的，若就個人需求層面而言，較理想的狀況是盡量不涉入、不參與俗務和商業利益等行爲。然而若是涉及對廣大眾生有益之事，那你就應抱持雖千萬人吾往矣的決心盡量參與。

問：為何憤怒會毀壞這麼多善業，而不是一瞬之怒只毀棄等量的善業？這是因為人必須積聚累世百劫的善業才能換得那瞬間的幸福，而憤怒就阻礙人們得享剎那的喜悅甘露嗎？

答：這問題很複雜，難以解釋清楚情況何以如此。或許重點即是佛教中提及的「極隱蔽法」。一般當我們在談論勝義諦和世俗諦時，佛教把世間現象分成三個範疇。第一層次是能被人類的眼、耳、鼻、舌、身等感官所覺察的對象。第二層次的現象則是某些非感官能輕易辨識的事物，不過只要藉由演繹推理或證悟觀照乃能得知其奧妙。證悟空性即爲一例：空性非顯而易見之物，但經由心智的分析推演，自能證悟空性；同理，現象界本身的瞬息流轉和短暫無常，也能經由推演而獲致證悟。而現象界的第三層次，一般技巧性地稱之爲「極隱蔽法」。

所以說，我們若是對一位菩薩生起瞋恨心，那麼即使只是一瞬間，其威力也足以摧毀百劫以來所累積的功德，這現象並非邏輯演繹所能理解的。而在佛教中這是不證自明之事，唯有信賴經藏中的例證，我們才能接受此道理。論及經藏的權威性時，我們應明白盡信書不如無書的道理。經藏本身是否達到權威性的標準，須具備一定的條件。

談到這裡，各位務必要了解一點：佛教各宗派是如何看待各類經藏的權威性。佛教裡面有個毗婆沙宗（Vaibhashika school），它主張經藏本身就代表釋迦牟尼佛所要傳達的正確教誨，是歷史上那位佛陀的正確教義，因此就經文而言，吾人可接受其字面意義。但這結果令該派教徒產生混淆，因爲他們並無法區辨到底該直接接受經文在字面上的權威性，還是應另行闡釋佛經。然而凡是大乘學派者都主張，我們應該要辨明諸經之間的個別差異。有些特定經文可依字面上的明確意義而被接受，其他經文則不可依字面解釋，須深入地析義闡明方能澈知其義。

但現在又產生一個問題，那就是該如何決定何部經藏可絕對直解其義？如果我們希望以另一部經解手頭之經，那將落入無限後退（ad infinitum）的陷阱。歸根結柢，權威性乃立基於理性思維及直觀證悟，我們需藉此二者之結合，才能確立對佛陀教義的解釋之間有什麼樣的差異存在。畢竟佛理的深意幽微深遠，需要在字裡行間慎思明辨。

而情況若是如此，那該如何論斷哪些經文是歸屬於我們認定的極隱蔽法，也就是最高層次的範疇？

先前我曾指出，唯有依賴經文的權威性和佛陀的證言，人們才能接受佛經的可信度。要做到這點，所需之事即是建立對佛陀本身的可信度。這時，我們所應採用的方式就不是直接訴諸經文，而是要檢視佛陀之言，檢視那些與世間現象有關的教誨，因為那是能藉由理性思辨和演繹來了解的。這包括了他對道和勝義諦等的開示。

一旦我們在這幾方面能建立對其開示內容的可信度之後，那麼自能增進老師本身的說服力。此外，我們應細察某些呈現極隱蔽法的特定經文，以確定其意義和經文本身並沒有內在不協調的矛盾現象。

綜合以上兩項因素的檢視，我們發現佛陀本身是位值得信賴的老師，而佛經內容也未出現矛盾或不一致之處。因此，我們能如實接受佛陀的悟證開示。

問：我們應當如何教導自己的孩子學習安忍功夫？我們又該如何回應對自己孩子發怒的情況？

答：關於該怎麼教導孩子練習忍耐的這個問題，若用言語去跟孩子解釋耐心的價值和重要性是相當困難的事，最重要的是自己爲孩子樹立良好典範。若你本身就常因小事發怒，卻想教育孩子明白「你該有耐心，忍耐極爲重要」的道理，這無異緣木求魚，不可能收到任何效果。

至於應該如何面對自己起瞋心跟孩子發脾氣這件事，我覺得很難回答，但〈安忍品〉中有許多教導人訓練耐心的大原則，均可運用在自己對孩子情緒失控的情況。

問：該運用何種善巧來對治內在所生起的瞋恨心？

答：在此我們必須先判斷當時狀況，以及引發怒意的原因，明白自己爲什麼對於某些情形會出現憤恨情緒，然後再根據這些省思而來的因素加以對治處理。然而這個方法又跟我們每日生活中所採用的修行法門相關，細節部分我稍後再來討論。

問：如果並不存在可稱之為軟弱的極端安忍形式，那麼菩薩又怎能採取強烈的反制手段？

答：大家對所謂菩薩大概有些誤解。各位請不要誤認爲菩薩是非常軟弱的人，事實上，菩薩可被視爲最勇敢的人。他們對修行有非常堅定的決心。一般人若不願意容忍自己被欺負或輕視，而很快採取反制行動並堅守立場時，我們就認爲他們勇敢堅強，個性鮮明有力。若這行爲可視爲勇敢，那麼菩薩就是承諾或下定決心要和眾生心中的邪念對抗的人。就某方面而言這念頭有些傲慢，但它當然是奠基於堅實的理性之上。這種大無畏的態度似乎有點傲慢，但它卻非自負。

如果我們讀《入菩薩行》第十章〈迴向品〉，那些由眾菩薩所寫的誓願文，我們會發現菩薩有許多誓願實際上無法實現。但無論如何，他們仍有這種觀想和誓願。因此我視其爲英雄，我認爲他們是非常、非常勇敢的眾生。我一點也不認爲這是軟弱。菩薩們具有這樣的前瞻性，而且當情況需要時，他們絕對有能力採取強烈的對抗手段。

問：我們過去修習安忍所累積的善業，是否會因現在所生起的瞋恨心而毀壞殆盡？

答：如果你修行時所發的誓願裡還包含極強烈的求解脫之心，或有菩提心、利益眾生和了悟萬物空性的決心，那麼你以往修行裡所累積的善業當然會得到保護，不致毀壞。

迴向在佛教的修行裡，是項極重要的因素。在彌勒的《現觀莊嚴論》中，他在提到修習迴向所應有的正確態度時，特別強調發菩提心的重要。他指出，當你將功德迴向出去時，內心得生起極強的菩提心，要將功德迴向給眾生。此外，在我們做迴向時，也必須對空性的本質及萬物遷流有如夢幻泡影的實相，有著清楚的認知與了悟。一旦你已迴向了功德，就應了悟到內在空性的本質，以及此行爲和迴向的對象皆是本具空性，而應將此功德「封印」。此乃所謂的「由三界所封印」。藉由這些作法，我就能保護功德。

爲了讓一個人修鍊正法能具備效能和力量，單是強調某個面向的修行是不夠的，還需加上許多輔助因素，像是智慧和利益眾生的迴向心等等。這在大乘佛教的修行法門中尤其如此。

2

省思人生的苦難本質

我們在談論友誼時，大致可將其區分為兩種類型。有些友誼的性質並不真誠，它們是建立在財富、權勢或地位之上。在這些情況下，只要財富等基礎穩固，友誼就能維持。然而一旦這些基礎條件消失了，那麼所謂的友誼就開始動搖了。

但另一種真誠的友誼是奠基於真正的親密情感之上，那是人與人之間彼此分享和連結之感。這類友誼之所以真誠，是因為它不會隨著個人財富、權勢或地位的漲落而有所改變。能夠決定友誼是否維持下去的關鍵，在於這兩個人是否彼此相愛有感情。若彼此間缺乏愛意和情感，那麼真誠友誼便難以維繫了。這點至為明顯。

4

心存瞋恚之上師
可能招致殺身之禍，
被那些自身的財富與幸福
仰賴其善意者所殺。

〔縱人以利敬　恩施來依者，施主若易瞋，反遭彼弒害。〕

5

由於憎怒使親朋之間反目；
縱然我慷慨也難彌補嫌隙。
簡言之，世間沒有任何人
能夠安樂地活在瞋恚之中。

（瞋令親友厭，雖施亦不依。若心有瞋恚，安樂不久住。）

6

所以瞋恚大敵能夠造成
以上所述諸種痛苦不幸，
但凡精進滅除瞋恨心者
從今後都能尋得安樂心。

（瞋敵能招致　如上諸苦患。精勤滅瞋者，享樂今後世。）

在第六頌中說明了修行安忍所擁有的價值和益處。一個人若愈能反省瞋恚所招致的毀滅性以及安忍心所帶來的好處，並能對其中道理有清明認知的話，他就愈會對憤怒和憎恨心存謹慎並保持距離。相對地，也就更能發展出對安忍心的親近感。而這意念本身，對於一個人的心靈會產生重大衝擊。當人內心擁有希望增進自己安忍力的積極意念時，就會相對地愈加精進修鍊安忍。

一旦發展出強烈的修行心，就應該眞正付諸實行，也就是要增進自己的安忍心。在此所運用的方法，首先是要去檢視讓心中生起憤怒和憎恨的肇因和條件。這方法和一般佛教在處理問題和困境時的態度相當一致。

例如，佛教中將因果律視爲一種自然律，在實際生活裡必須把這個因素考慮進去。舉例來說，在日常生活中，若發生某些令人不悅之事，那麼，要確保這些事不會再發生，上上之策就是確定形成事件的肇因已不存在。同理，若是希望某件事情能夠發生，那麼合理的步驟，就是去尋求和累積能興起此事件的肇因和條件。

而在心理狀態和經驗方面的情況也是如此。如果希望某種經驗能夠發生，那就該去尋求事件形成的肇因，若反過來不希望某些情況發生，那麼應務求讓事件發生的因緣和條件不再出現。

重視因果律是非常重要的。我們內心已生起念頭，希望減低瞋怒並加以克服，但若僅是盼望或祈禱憤怒和瞋恨不再生起或自行消失無蹤，那是不可能發生的。此外，當瞋恨心已起才想要設法消弭，效果極爲有限。因爲在那瞬間，心靈正被瞋恨之情緊攫著，而妄圖在那一刻去壓抑怒氣是有些愚蠢，因爲人在那時候幾乎已失控。

所以，最佳策略是找出各種會引起瞋恨的因素。

7

我發現造成心理不快樂的來源，
一個是阻撓我所想要做的事情，
還有強迫我去做我不願意的事，
於是內心生瞋恨然後毀滅自我。

〔強行我不欲，或撓吾所欲，得此不樂食，瞋盛毀自他。〕

此頌陳述滋養憤怒或憎恨的因素是「心理的不快樂」，但我認爲「不滿足」可能是個更適切的字眼。內心那種擾人的不滿足感和不對勁感，正是使我們產生憤怒和憎恨的根源。我們應該做的是盡量避免這種不滿意和不滿足的感覺生起。一般而言，當我們覺得自己，或自己所愛之人，或是密友，受到不公平待遇或被威脅時，內心就會生出這種不滿或不快之感。而且，當別人阻撓我們達成目標時，我們也會覺得被掣肘而備感憤怒。因此對治之道就是由根源處探察起，找到那條因果鏈的因，也就是會在最終引爆憤怒情緒的那個因素。這方法的要旨即是防患於未然，而不是等到瞋恨心已形成才來尋求對治。這情況正如一個人若想截阻一條河流，最好的方法就是在根源處想些辦法，像是讓河水改道或運用一些其他方法。

8

因此我應該完全斷除
供應瞋恨大敵的糧食，
因爲這個敵人除了害我之外
根本無法成就其他任何事情。
〔故應盡斷除　瞋敵諸糧食；此敵唯害我，更無他餘事。〕

這裡所指的敵人，是我們內在那位眞正的敵人，也就是那位終極的敵人——瞋恨。這種瞋恨感不僅能摧毀我們內心的沉穩和平靜，還會陷我們於混亂之境，使我們淪落到時刻都充滿混亂、疑惑和困難的複雜處境。

所以事實上，這兒要說的就是，瞋恨，這個我們內心的大敵，除了帶給我們傷害外，沒有其他用處。它唯一能做的，就是摧毀我們的現在和未來。

瞋恨心和一般的敵人極不相同。雖然我們一般視之爲敵人者也會對我們造成傷害，但至少他或她還有其他活動，必須吃飯睡覺和做許多其他的事情，於是就不可能一天二十四小時總是專注在摧毀我們這件事上。但瞋恨心就不然了，它時時刻刻都在處心積慮要摧毀我們。一旦了悟此事實，就應該下定決心做個修行人，決不容許仇恨這個敵人有任何出現的機會。

當我們與瞋恨心抗衡時，心中可能會有種想法：「瞋恨心是我心靈的一部分，它是心理的一部分。我又如何能努力去除屬於自己心靈的一部分呢？」我們在這兒該知道，人的心靈不僅複雜，而且還非常精巧，它知道如何找出適應之道來面對困境和所採用的不同觀點。

例如，在《現觀莊嚴論》這本佛典中，有一種特別的禪修與四聖諦中的苦諦有關，在此類禪修中，一個人視自身的肉體爲大敵，進而開啓一段對話。同樣地，在一段修菩提心的經文中提到，當一個人要增進利他之心時，也會採行一種禪修方式，讓代表自我中心的自我和做爲修行者的自己進行一種對話。如此一來，雖然瞋恨是心靈的一部分，我們仍能將瞋恨視爲一種對象並與之抗衡。

此外，在日常生活中，我們常發現自己會處於自責狀態。我們說：「喔，那天我眞是丟臉極了！」然後我們就對自己憤怒不已。但是實際上，並沒有兩個截然不同的自我，而只有一個連續體。無論如何，自我批判是有道理的。在這之中也存在著某種對話。有些事是存在於我們共同經驗中的。雖然人的外表看來只是單獨個體，但實則擁有兩種不同的觀點。當一個人說「我做錯了」和「那件事不對」，他是在批評自己。那個扮演批判角色的自我，是由一個整體自我的觀點，也就是從整個存有的觀點看事情；而被批評的那個自我，則是在某種特定經驗或事件之下的自我。所以我們就可能看到這種自我面對自我的關係。

省視一下自己在身分認同上的各種面向，可能會對理解這點有些幫助。就拿一位西藏佛教僧侶來做例子吧，此人的自我認同感可能是來自於身爲一名僧侶的觀點：「我，一個僧侶。」然後他也可能轉換到另一層面的身分認同——不是以自己的僧侶身分爲主，而是奠基於自己的種族根源——西藏人。所以他可能說：「我，一個西藏人。」之後那個人再提昇到另一層境界，此時他的僧侶身分或屬哪個族裔都已不再重要，他想到的只是：「我，一個人類。」因此，每個人的自我認同可以有不同的層面。在此要特別說明的是，當我們的觀念與某種事物相親近時，能夠由許多不同角度來看待同一個現象，但通常我們的角度都相當有選擇性。我們會把焦點放在某個特定角度，觀察現象的某個特定面向，採用某個特定觀點。

9

無論遭遇到任何事情，
都不應擾亂歡喜心情；
因為憂悶非但於事無補，
反而還會使我善行退轉。

〔遭遇任何事，莫擾歡喜心；憂惱不濟事，反失諸善行。〕

第九頌中表示，身為修鍊安忍的人，我們希望能做到「無論遭遇任何事，都不擾亂自己歡喜心情」的定力。

歡喜心代表一種寧靜或安穩的心境，這是一種跟個人內心不滿足或不快樂相反的情況。一個人之所以決定不讓自己的歡喜心境受到干擾，是因為人若陷入不快樂或不知足的泥淖，就不可能達成心中所願。所以，讓自己鬱鬱不樂根本沒有意義。這行為本身同時還具毀滅性，因為一旦失卻心靈平靜和歡喜愉悅之情，就會讓憤怒和憎恨有可乘之機，從而減損一個人的功德。

10

如果事情能有補救之道，
那又何必對這事情生氣？
如果已無對治挽救機會，
那麼徒然不悅又有何用？

〔若事尚可為，云何不歡喜？若已不濟事，憂惱有何益？〕

寂天在此又給我們另一個該避免不悅的理由，那就是：如果事情仍有補救之道，就毋需惱怒或不悅；而若情況已敗壞到無可挽回的餘地，那同樣也沒有惱火或生氣的道理。

在第十一頌中，寂天點出一般會引起人們不知足和不快樂心理的原因。內容是：

11

我不希望自己和朋友
受到傷害或輕蔑待遇，

以及被粗暴言辭冒犯；

但對於我的敵人則反之。

〔不欲吾與友　歷苦遭輕蔑，聞受粗鄙語；於敵則反是。〕

此頌解釋了八種我們在世俗生活中所關切之事。一般世俗性的反應是，遇到某些愉快事情發生時人們就感到快樂，若事情出差錯時就心生不悅。當別人讚美我們時便內心歡喜，但受到他人侮辱或詆毀時便深感不悅。同樣地，在我們得到自己所想追求的物質時就感到歡喜，當這些東西得不到時又覺得不樂。在自己聲名遠播時覺得快樂，反之在名譽掃地之際又惱怒不已。因此，在我們面臨這八種現象時會出現這些自然反應，而當這些狀況也同樣發生在我們的密友、家人或所愛之人身上時，我們也同感怏怏不樂。

然而，若情況是發生在我們的敵人身上，那我們的反應又是截然不同了。當敵人過著功成名就的生活時，我們便愀然不悅；而當對方楣運當頭時，我們卻內心大樂。這些反應就是我們一般會有的態度。

而由此反應中所顯示的正是，我們人類有避開受苦、不快樂以及麻煩的傾向，而會自然想尋求喜悅、幸福和快樂。由於這種趨樂避苦的自然傾向，和我們內心所生起的不滿足感和不快樂感息息相關，寂天於是指出我們面對苦難的態度可能需要一番修正。受苦不見得如我們所想的是件壞事。

因此，了解佛教對苦難問題所持的基本態度，就成爲很重要的一件事。在佛陀對眾人的公開教誨裡，他首先教導的就是四聖諦，其中所談的第一項是苦諦。他的教誨中特別強調要了悟人類存在的苦難本質。省思苦難本質之所以如此重要，是因爲我們有可能在其中尋找到一條出路，找出一個替代的方法，也就是有可能獲得免於苦難的自由。正是基於這層因素，才使得明瞭人類苦難本質變得這麼重要。否則的話，若是人類根本沒有希望或可能性可以離苦得解脫，那麼只憑省思苦難本質就只成了僵滯的思維形式，反而帶來負面效果。

寂天在此鼓勵眾生：爲了使自己免受未來的無盡苦，我們要能採取一種堅定的修行態度，如此才能爲更高貴的目標而安於忍受眼前諸多苦難。

第十二頌內容如下：

12

產生快樂的因緣偶爾才發生，

但造成痛苦的因素卻極其多。

〔樂因何其微，苦因極繁多；〕

我們會發現，在我們生活中造成痛苦、傷害的因素和狀況非常多，但是能夠引發喜悅和快樂情緒的情形卻相對地罕見。這現象既然是人類存在的本質，那麼，學習以更具容忍力的態度來面對世事就顯得更加合理了。苦難是人類實相的一部分，是我們存在的本然面貌。無論我們喜歡與否，它就是我們必須忍受的事情。當然我們也能藉由培養安忍的態度，使得心理上不致太受苦難遭遇的影響。如果我們不具備某種程度的容忍力，那生命將變得悲慘不堪。當一個人惡夢連連時，夜晚似乎就變得漫無止境。同理，若是一個人沒有養成容忍苦難的態度，那生命就會變得更加憂煩不堪。

例如，若是生長在養尊處優的環境，在物質上極盡豐裕從不虞匱乏，那麼這個人會變得太受驕寵，忍受痛苦的耐力就相當低下，即使碰到一丁點問題，也沒辦法處理。我已故的大哥羅桑·珊頓（Lobsang Samten），曾在美國生活過許多年，有一次他告訴我說，若是電力中斷一陣子的話，很可能有許多人會死於飢餓，因爲有太多人依賴電力過活了。美國到處都是冷凍庫、冰箱和電氣化烹調設備，生活設施相當先進。在那些林立著摩天大廈的城市中，電梯是不可或缺的設備，若是電力突告中斷，電梯就難以運作。這時住在高樓的人只有兩種選擇——若非心理上準備好長期靜坐來個以靜制動，不然的話，若碰上的是冬天，就只好等著被活活凍死。

第十二頌的後兩句是：

沒有受苦的經歷就不會有出離心，
因此我們的心志應該固守安忍心。

〔無苦無出離，故心應堅忍。〕

這兩句頌文告訴我們，不只省思人的苦難是重要的，在實踐中我們更能獲得極大好處。靜思存在的苦難本質之所以如此重要，是因爲唯有藉著明瞭苦難本質，人才有可能產生眞正的出離心，由內心生起一種眞正想尋求自由、解脫存在束縛的欲望。

拿佛教來說，一個修行者所要反省的，不只是那些眼前明顯痛苦所帶來的傷害，還要去深思人這個存在本身所原俱的受苦和不完滿本質。只要一個人仍受到因果業力法則及無明幻念的影響，那他就是處在受苦和不完滿的境地中。所以我們就能清楚看見像病痛、艱辛、傷害等明顯的苦難，這些都是我們存在的不完滿本質中，基礎又強烈的指標。它們的出現，正像是時刻提醒我們人類所具有的這種基本特質。

有時候我碰見一些修行佛教法門的朋友向我抱怨說，他們常碰到種種艱難和苦痛煎熬等等，我會開玩笑地告訴他們，其實他們應該對此心存感激才對，因爲理想上，我們正是希望經由省思苦難本質而獲取寶貴的證悟經驗。既然我們尚無法求得此類開悟經驗，那麼就唯有藉由身體的經歷來提醒我們，自己目前是處在一個令人不滿意的存在情境中。所以，我們更應對這些痛苦和煎熬心存無限感激之情。

13

若伽那巴某些苦行者和人們
能夠無端忍受刀割火燒之苦，
那麼如今我爲尋求解脱之道
爲什麼卻反而退轉沒有勇氣？

〔苦行伽那巴，無端忍燒割；吾今求解脫，何故反畏怯？〕

如果有人爲了達成某些並非屬於終極解脫的目標，而能甘願忍受艱困、痛苦和橫逆，那麼，像我這樣一心追求脫離苦難以得到完全解脫的人，又爲何不能忍受某種程度的艱辛和痛苦呢？我們可以在許多佛教經典中找到類似的教誨：爲了小惠而放棄更大的目標並非智者所爲；爲高遠的目的而捨小利，才是眞正智者所當爲。有句西藏俗諺表達得很傳神，它說人應該要能捨棄一百，這樣才能夠得回一千。或許我們會認爲，爲了達到更高遠目標而犧牲較不重要的事物是正確的，但卻對自己是否眞有能力實踐此想法心存質疑，於是便可能感到灰心或挫折。

所以在第十四頌中，寂天就告訴我們，其實沒有必要覺得灰心或挫折，因爲無論面對何種活動，只要藉由不斷地熟習和訓練，總是能夠使事情變得更容易和更能被接受。此頌云：

14

這世間無論什麼樣的事情，
無不能經由熟習而更容易。
因此藉由逐漸習慣小傷害，
我便學會耐心忍受大傷害。

〔久習不成易，此事定非有；漸習小害故，大難亦能忍。〕

當我們談論的是某種特定活動或修行，那麼在初始的階段它可能會令人有點洩氣，但藉由經常接觸的熟習和不斷加強一個人的決心，就有可能讓事情變得更容易些。這不是由於修行本身變容易了，而是因爲態度和心理上已經對此事物更親近，所以也連帶地使現象的外表也產生改變。

在下面三首偈頌中，寂天列出了能夠經由時常接觸和熟習而變得習慣的幾種痛苦和煎熬。

15

諸如蛇類或虻蚊的叮噬，
還有受到飢渴煎熬之苦，
乃至於皮膚受疥瘡折磨，
這些豈非常見小苦而已？

〔蛇及虻蚊噬、飢渴等苦受，乃至疥瘡等，豈非見慣耶？〕

16

對於炎熱寒苦或風霜雨雪，
還有病痛、束縛及鞭笞苦，

我都不應該表現出不耐煩；
不能忍受將引致更大傷害。
〔故於寒暑風、病縛捶打等，不宜太嬌弱；若嬌反增苦。〕

17

有些人見到自己流的血，
反而變得更加勇敢堅毅。
但有些人見到他人之血，
卻因驚慌失措不省人事。
〔有人見己血，反增其堅勇；有人見他血，驚慌復悶絕。〕

寂天在此以兩種人做對比說明：有些人看見自己的血反而變得愈加勇敢，但另一類人只是眼見他人之血就已嚇得不省人事。這兩者之別，乃在於對狀況是否經常接觸而熟習所致。

第十八頌始於下面這兩句：

18

這兩種反應乃源於
內心為堅毅或怯懦。
〔此二大差別，悉由勇怯致；〕

而接下來的兩句頌文就總結了我們剛才所討論的看法：

因此，我不應在意痛苦傷害，
而且還要不被苦難煎熬影響。
〔故應輕害苦，莫為諸苦毀。〕

簡言之，我們所討論過對治內心所生起不滿足、不滿意及心理上不愉快感的方法，就是轉化我們原先對煎熬和痛苦所抱持的態度。一般對煎熬痛苦的反應，很自然地會傾向完全不喜歡的態度，而且我們這種難以容忍的憎惡感會更加強化。經由沉思苦難的本質，以及藉著熟習苦難而尋求改變態度的可能性，我們便能減低那份嫌惡感，而使自己不再像以往那般對痛苦難以忍受。

但是，我認爲這些省思應該要放在正確的脈絡下來了解。在此所談論之佛教修行道路的特定架構，幾乎是預先設定好的，而其中的原則即爲四聖諦和二諦。而整個完整的架構則包含基礎入門、修行法門，以及個人所精進追求的果境。除非對此架構有全盤了解，否則可能陷入對此法門的誤解，而以爲它的方式非常僵滯，因此全盤析解經義是很重要的。

因此，無論何時，當我們閱讀佛經時，都要將其還原到適切的脈絡中，去理解它和其他修行法門的觀點之間的關連性何在。從這方面而言，我認爲藏傳佛教的傳統是值得讚揚的，因爲它的修行法門裡，總是強調要結合研究和實踐，兩者並重。

禪修

在這堂禪修課中，我們要藉由沉思、觀想瞬息遷流的現象，而把焦點放在存在的苦難本質上。瞬息萬變表示事物一直處在永不止息的動態中。在佛教修行中，很重要的是要了悟：現象的析解——不管是事件或某物——其實毋庸輔以其他因素，因為崩解是事物本身所內含的一種機制。這個道理所要說明的是，萬事萬物都會受到其他諸種因素力量的影響。當我們尋思自己的肉身或器官運作時，會了悟它們都受到無明和幻念等因素的影響。只要人的感官六識依然受無明和幻念的影響，那真正的喜悅或幸福就無容身之處。無明是負面的力量，而凡是受到負面力量控制之物，都不算是正面美好或值得追求的。

我們討論過的內心大敵憎恨，以及執著或貪欲等，是和無明同屬「一體兩面」的。換言之，無明猶如首相或總裁，執著和憎恨則如兩個最有權勢的大臣，這三種負面力量結合在一起，就構成了心靈的「三毒」。

也因此，我們人類的存在本質是在三毒的影響力下運作的。若我們受此三毒的無明力量左右，生活的體驗當然苦不堪言且難以饜足。所以我們要冥想苦諦，苦的本質根源極深，它不只是表面所見的肉體病痛之感。最重要的是往內心深處挖掘，把引致我們生存痛苦的肇禍之源除去，這才是冥想苦諦的真正目的。

我們先從冥想事物瞬息萬變及其背後成因開始，爾後再尋思輪迴無明之苦。這就是正確的禪修之道。

「答客問」

問：西方的心理治療鼓勵人們表達憤怒。是否有任何適當的表達憤怒方式，而不會被視為安忍的對反之物？您個人對於那些鼓勵患者要「讓所有憤怒憎恨全都發洩出來」的心理學家和治療師，會怎麼來談論憤怒和憎恨這個問題？

答：我想各位在此必須先了解會有許多不同的情況。在某些事例中，人們之所以爆發出極強烈的憤怒和受傷害感，是由於過去曾受到某些事情的傷害或虐待，而這些受創情緒之前一直被深深鎖著。有關這類創傷，藏文裡有個說法：如果貝殼裡面有腐肉的話，你可以把它挖掉來清除乾淨。換言之，如果有任何髒東西阻塞貝殼，只要把障礙清出去，那它就會乾淨了。所以我們可以想像在某些情況下，將憤怒表達出來會是較佳之道。

然而，一般而言，如果我們不稍加節制或注意，憤怒和憎恨情緒一旦滋生挑起，就很容易一發不可收拾。我們花愈多的功夫對治這些情緒，就愈能培養出戒慎的態度來減緩瞋恨心的爆發力，那麼所產生的結果也會比較好。

問：人的憎恨和憤怒情緒不是和執著心有關連嗎？而且不僅對於事物方面是如此，在對待原則、意識形態，特別是在將「我」視為一永恆自我的態度上更是這樣？

答：憎恨和憤怒這兩者，歸根結柢的確是植基於強烈堅實的自我意念上，就是一種我執。一般而言，當我們談到自我或我執的觀念時，應該先區別兩種「我執」的差異。第一種我執，是某種自我中心的態度，指一個人將自己的利益當做唯一值得考量的因素，而對別人的需求或情感則一味忘卻或漠視。另一種我執則是一種信念，相信有一種長存、永久、具體的自我或「我」存在。在初始階段，這兩類自我中心的態度具有互補作用，彼此都能加強對方特性，所以我們會認爲它們之間是錯綜複雜地連結著。

但若是一個人強調菩提心的修行，爲了眾生而下定決心要悟證佛性，卻因忽視了產生澈悟實相終極本質的洞見，而損害了利益眾生之心，那在某些情況下，我執心就可能依然遊走於理智範疇之外而未被察覺。在此情形中，因著自私想法，不顧念他人安危和情感的自我中心態度可能會減低，但那份相信有永恆自我存在的想法卻依然留存。同樣道理，若是強調修行空性，卻忽視了正道上發菩提心的面向，那麼，執守某個永恆、不分離、具體自我的想法可能鬆懈掉，但那份自私、自我中心的態度卻沒變。所以在較高的修行層次上，我們便能看出此兩類我執之間的區別何在。

這也是爲什麼當我們決心走上靈修之道以臻完美佛性時，選擇一種能夠兼具方便與智慧、善巧與洞見的法門是極爲重要的了。

我想這個問題也和佛教的基本立場有關。因爲憎恨和執著終究還是源自無明，它是對實相本質的誤解。要對治憤怒、憎恨以及執著的特定解藥，效果是有所限制的，因爲它們係針對個人的傷害性情緒而發。但是對治無明或誤解方面的解藥，所能應用的範圍就較爲廣泛，它不僅能當做對治無明的解藥，也兼具對治憎恨和執著之毒的效果，因爲這些問題的根本仍源自無明。

同時，當我們談及佛教中自我的觀念時，重要的是要記住，自我還分成不同程度與類別。有些自我感不僅要培養，而且還該增進、加強。例如，爲了使自己能有堅定決心去尋求利益眾生的菩提心，就必須具備強烈自信心，這份自信乃是奠基於使命感和勇氣，這就需要很強的自我感。除非一個人具備此認同感或自我感，否則內心絕對無法生出如此自信與勇氣，以及強烈的求道之心。此外，教理中提及的佛性也給予我們極大鼓勵和信心，因爲我們明白了人皆有佛性的道理，這使得我們都能去追求自己想達到的悟境。但是這些奠基於一種恆常、堅實、不可分割本體中，稱之爲「自我」或「我」的自我感，又分成數種不同類型。有種看法認爲，在此本體中存在著某些極具體或客觀之物。這是個需要澄清的錯誤觀念。

同樣地，在有關自我的謬見之中，又有不同層次和粗略形式之別，其中有種看法相信的是恆常又持續不變的自我。若再深入探討，會發現也有一種想法認爲，存在著某種擁有純粹實相和狀態之物，而它既獨一無二又超然物外。這個看法又是種謬見。

另一種謬誤的強烈自我感，則涉及漠視他人安危、感覺和權利的態度。那種自我感也是需要被棄絕和克服的。所以，在佛教經義中運用到像是「我執」和「自我」這些字眼，需要極爲小心，不要馬上採取截然分明的立場，說某個意思不對而另一個意思對。

問：請問忿怒本尊的角色是什麼？

答：這個問題不容易解釋。我想它的基本哲學是指人的七情六欲，像是憤怒等，通常是以一種力量的方式呈現，而能引發迅捷的行動。我認爲此乃基本認知。所以有關忿怒本尊這想法背後所蘊含的一般性原則是，在人類陷入憤怒或其他傷害性情緒狀態時，會出現一種獨一無二的產生能量現象。而當人經歷強烈情緒起伏時，內心就生出能量迫使人採取迅捷的行動，這是極有力量的誘因。而這個事實也是運用忿怒本尊修行法門者所必須了解的。

另外還須明白的是，佛教教義對此所謂傷害性情緒基本立場爲何？若由大乘佛教系統以外的觀點來說，它們所追求的修行終極目標，只是爲了使個人能脫離輪迴之苦，得到一己之解脫。這些教義並不重視利益眾生的菩提心，只求棄絕所有身、語、意方面的負面行爲，如此而已。

然而在大乘佛教經典中，一位修菩薩道的人其主要目標是爲了服務他人，因此在個人行爲和言語方面就容許有些例外情形；但卻不允許他心中生起惡念，因爲惡念本身不可能對人類有任何益處。在修行菩薩道時，如果當時情況能夠裨益大多數的人，那這位菩薩可稍有執著心，但並非用於求道，而是做爲求道路上的輔助因素，做爲達成幫助他人目標的輔助性手段。但這裡面卻不允許菩薩內心產生瞋恨或憤怒情緒。

密乘佛教包含了獨特的觀想空性法門，這種修行方式是以本尊瑜伽爲基礎，在觀想過程中，修行者將平常的知覺和見解放空掉，然後刻意採取一種完美和神聖的身分。在此基礎上的修行方法，也能容許運用憤怒爲動力。所以在密乘觀想裡面的忿怒本尊，就是出現於此脈絡之下。

當一個人藉由忿氣來利益眾生時，當然會覺得忿怒本尊要比慈眉善目的本尊來得容易觀想。

問：世間若無靈魂存在，那麼，使得人們陷入生生世世輪迴轉世的念流（心相續）其本質是什麼？而這種意識又如何能變成一種分離的實體？

答：這問題端視個人是如何了解「靈魂」一詞。如果一個人所理解的「靈魂」，為一種在頃刻之間和生生世世之間都毫無間斷的個人性接續體，那我們可以說佛教也接受靈魂的概念：世間存在著一種意識的接續。由此觀點視之，有關靈魂是否存在的論辯就完全是語意上的問題。然而在佛教的無我教義或「無靈魂論」中，它們的看法是，世間並沒有什麼永恆不變、持續久遠的自我，能稱做「靈魂」的東西。這類的靈魂觀念才是佛教所拒絕接受的。

佛教並不否認意識的接續。正因為此緣故，我們發現某些像是薩迦派大師仁達瓦（Rendawa）之類的西藏學者們，他們的觀念裡就接受某種稱為自我或靈魂的東西，叫做「kangsak ki dak」（藏文：gang zag gi bdag）。但同樣那個字「kangsak ki dak」也有「自我、個人、個人自我或身分」之意，它的意義卻也遭到許多其他學者的拒絕。

我們會發現，即使在佛教學者之間，對於自我的本質，以及那個在念念遷流和生生世世之間連續不斷存在的東西或本體是什麼，也有著各種分歧的看法。有些試著以身心組合的聚集來定位，而有些則是基於身心組合的名稱來解釋，不一而定。

在大乘佛教傳統中，也有一種稱為唯識宗或瑜伽行派的特殊宗派，又稱為「唯心」宗。此學派的看法認為，有一種特別的意識接續體稱之為「阿賴耶識」，這是基礎的意識。而支撐此立論的道理在於，他們覺得若存在著一種叫做自我之物，是生生世世接續不斷的意識之流，那麼，當我們尋求「自我」或「我」背後的那個眞正參考點時，它就一定是找得到的。因為要是遍尋不著，那我們會傾向虛無主義。然而若標舉一個超然於身心之外的自我或活動體，又將有走向極端絕對主義之虞。進一步來說，若我們眞要從意識之流本身裡面，尋求自我或某種個人身分，那將會問題重重。因為佛教接受某些存在狀態是沒有意識的，在那個片刻間，當事人心中不存任何思緒或意識。由於有這些問題存在，唯心宗就分隔出另一意識的接續體，稱之為阿賴耶識，也就是一種最根本的基礎。

此外，唯識宗之所以認為有必要標舉出一種特殊類型的意識之流，其理由是，如果我們只想在六種意識和五種感官能力之間的脈絡中來解釋自我或個人本性，那情況就將如我先前所指出的，會有問題發生。例如，處於無思慮階段時，就不存在意識，因此也就會沒有任何人。同樣地，佛教也接受這樣的觀念：在直接頓悟空性的直觀境界，意識是完全純淨、無任何雜染。在頓悟的瞬間，一個人即使沒有完全開悟，也不會有任何雜染意識的存在。但我們也必須接受有某些缺陷會阻礙一個人的完全開悟，這些就得由印記或性向方面來了解才行。也因爲這樣，唯識宗又發現有需要點出這個意識的根本基礎，它被界定爲一種中性意識，其作用只是做爲接收器，承受各種不同印記在一個人心理中存在的業。

問：如今我們在憤怒的社會性後果中看到的是，由年輕人所犯下的一樁樁冷血謀殺案。社會在面對這種憤怒和仇恨的血腥後果時，該扮演什麼樣的角色？

答：正如我昨天在記者會中所指出的，我覺得幾十年來我們造成了極大疏忽，並未重視某些基本人性價值的重要性，而這個錯誤再加上其他錯綜複雜的因素，就導致我們的社會淪落到今天這個悲慘地步。因此，在千頭萬緒中很難找出什麼簡易的解答之道。現在需要做的事，是由許多不同面向一起同心協力來對治這個問題。而教育無疑爲首要之務。我們教育孩子的方式非常重要，而我相信老師的態度也是重要因素。老師的責任不只是給予資訊或知識而已，而是要能對自己所教導的原則樹立典範、以身作則。所以孩子如何受教育就變得極重要，特別需要大人以身作則。如此一來，這些生活準則和人生價值在孩子心目中就變得非常珍貴。這其中媒體當然也扮演很吃重的角色。

問：我們該做些什麼才能減低貪婪的影響力？

答：就某種意義而言，缺乏貪念我們就不會有任何再生。人要能輪迴轉世，需要貪念。至於在憤怒的情形中，我想貪欲又分成不同種類，有些屬於正面，有些則是負面的。貪欲是一種欲望的形式，但它是源於過分期待所導致的一種誇張欲望。

對治貪欲，真正的解毒劑乃是滿足之心。對一個修行的佛教徒或正法修行者來說，許多的修行本身可視爲對治貪欲的抗衡力量：像是了悟尋求解脫的價值，或不再受生死輪迴之苦的自由等等。這些看法也確實能收對治貪念之效。但是在立即對應生起的貪念方面，有個方法是去反思貪欲氾濫會對個人造成的影響，以及它會將我們的生命帶向何方等等。貪欲將吾人導入挫折、失望、混亂的情緒中，而且還會引來許多麻煩。

關於貪欲，有個極典型的情況是，雖然貪念是來自想獲取某物的欲望，但在得到此物後，內心並不會就此感到滿足。所以，這貪欲也就如脫韁野馬，變得毫無限制或界線可言，爲人帶來無盡煩惱。有關無明貪欲，有趣的一點是，雖然其背後的動機是在尋求滿足，但正如我所指出的，即使達成了獲得某物的欲望，人的內心仍難饜足。另一方面，若人擁有強烈滿足感，那麼無論實質上他是否得到這樣東西，都還是覺得心滿意足。

問：正念和安忍，以及謙卑和安忍之間的關係是什麼？

答：一般來說，當人在修行任何形式的安忍時，正念的習慣都是必須的，因爲它是一種能使人的心念集中在所觀照事物上的能力。無論是安忍或其他形式的修行，都要求個人將心神貫注於此特殊法門上，所以正念是必要條件。

謙卑與安忍之間也有極密切的關連。因爲我所謂的產生謙卑心，是指一個人雖有能力報復，但卻決定不這麼做。如果他想這麼做的話，原可採取更加對抗或攻擊性的立場，而卻刻意決定不循此途，這才是我所說的眞謙卑。當這其中有一絲對環境感到無力或無能時，我就不會稱其爲眞正的謙卑了，因爲那是在別無選擇之下向環境投降了。

同樣地，論到安忍時，也有不同的情況。其中一種是，一個人下定決心，藉由不斷自我修鍊而當個更具容忍力的人。另一種情況則是被迫有所容忍，這種行爲與其說是「容忍」，倒不如說是「順服」更爲恰當。所以再一次聲明，這其中存在著差異。

一般而言，容忍要求的是內心的自我鍛鍊，明白自己雖然可以採取其他攻擊性作法，但卻刻意不那麼做，這和被迫採取容忍態度不同。我們在面對中共政權時的安忍，是出自眞誠而毫無疑問的。

3
調伏心性

在《別解脫經》這本論及道德和僧伽戒律的經文中，佛陀說道，人不應沉迷於任何不健全的行爲，而應奉行健全的作爲。生活之道應奠基於訓練有素的心性，因此，人應調伏或訓練自己的心。而經此訓練所帶來的內在轉化，也正是佛陀的教義或訓誨所傳達的眞義。所以，歸根究柢，一個人的行爲是否健全，就取決於其心性是否受過調伏。

同樣地，我們也發現其他經文中提及，若一個人的心性受過訓練和調伏，能保持寧和心境，那麼它將使人被帶往喜悅和幸福；但若處於心神不寧和未受訓練的狀態，那麼後果就是不幸和苦難。到頭來，一個人的心境平和與否，乃成爲決定性的因素。

一般而言，藉由外在方式的確有可能呈現個人內心特殊的靈性狀態，就像穿著某種特定衣服、在家裡供奉某個神龕或祭壇、舉行誦經或唱頌儀式等等。但是這些儀式或活動的重要性，都不及一個人所奉行的宗教或靈性生活方式。因爲，前述所有外在活動，都可藉由包藏禍心者之手來完成。相反地，所有心靈展現的美德和心理特質，都代表純粹的正法或靈性特質，因爲這些內在精神特質本身，和邪念或負面心態完全不相容。

所以，致力於某種鍛鍊或修行法門，以進行個人心靈深處的內在修爲，這才是宗教生活的本質。一個人是否過著靈性生活，正取決於他是否能成功地開發自己的內在生命，鍛鍊及調伏自己的心境。

至於致力個人內在生命之轉化，實際上該運用何種技巧？佛教修行所採用的基本方法，是一種融合了智慧與善巧方便之路。我們就用寂天的《入菩薩行》做例子來探討。《入菩薩行》的第九章〈智慧品〉，討論的就是有關修道的智慧面向，也就是由人的內心產生澈悟。而其餘諸篇皆探討方便面向，即修行的善巧方法等。所以在談及修行大乘菩薩道所使用的技巧和方法時，最重要的實踐就是要生出愛心和慈悲心。而爲了能眞正擁有這愛和慈悲的心靈特質，我們就必須能夠對抗修道上的障礙物。由此觀之，修習安忍對於行菩薩道非常重要。

大乘佛教的修道路上，講究的是智慧與方便兼顧，並互相影響，因此修習安忍就顯得相當必要。因爲安忍心可以使人產生愛和慈悲的能力。當一個人在精進修道，能各自輔以愛和慈悲心以及安忍心這兩大因素時，就可彼此互相加強。

以下兩首偈頌說道：

19

有智慧的人縱然歷經苦難，
其心境仍然維持澄明不亂。

因爲與無明煩惱做殊死戰，
是會對心靈造成許多傷害。
〔智者縱歷苦，不亂心澄明。奮戰諸煩惱，雖生多害苦，〕

20

眞正驍勇的戰士
應該是不在乎任何痛苦、
只想滅除內心瞋恨大敵者；
而普通戰士只能砍殺敵人而已。
〔然應輕彼苦，力克貪瞋敵。制惑真勇士，餘唯弒屍者。〕

當我們修行安忍時，實際上是在進行一場對抗瞋恨和憤怒的戰爭。既然這是場戰役，人總想在其中尋求勝利。但我們也應要有輸掉此役的心理準備。所以當人忙著對治瞋怒之毒時，也不應輕忽在此過程中將面對許多問題和挑戰的事實。一個人應具備能力抵擋此困難，而且要有堅忍毅力忍受各種紛至沓來的困擾。假使不能在艱辛過程中成功征服瞋恨和怒意，卻只會跟他人爭強鬥狠，這種人即使鬥贏了也非眞英雄。因爲他們的所作所爲充其量不過是砍殺肉身而已，而人類的這副臭皮囊只是過渡性的，終究都將面臨死亡。這些敵人是否死於戰役中是另一個問題，但他們遲早也都會死。所以實際上，逞匹夫之勇者只是在殺戮屍骸。眞正所謂的英雄，是那些能調伏瞋心、明白御怒之道的人。

或許有人覺得，我們確實應該致力對抗瞋怒和內心所生起的其他無明幻象，但我們又能得到什麼樣的保證，以確保自己必能贏得此役？我認爲這點非常重要。如果一個人十分精進於追求菩薩道，那麼他就該獲得某種保證，必能打敗無明而贏得最終勝利。

如果我們心思夠細密，就能很容易辨識出這類傷害性的情緒和想法，在藏文中這稱之爲「nyon mongs」，字面解釋爲「由內在傷害心靈之物」。這個詞通常只被簡譯爲「無明」（delusions）。而在藏文語源中，這字還代表了情感和心理層面的事件。它們會自動對人的心靈造成傷害，毀掉一個人內心的安寧，並在內心深處帶來混亂不安。很明顯的是，我們若稍加注意，當這些情緒生起時，我們便能夠認清它們所具備的傷害性特質，因爲其特性會摧毀我們安穩的心靈。但藉由運用對治之道時，我們卻很難發現是否能夠克服或消滅這些情緒大敵。而這個問題又直接涉及我們修行所追求的最終極目標，亦即吾人是否可由輪迴的無明中獲得解脫、證悟涅槃之境。那是個非常嚴肅又困難的大哉問。

在佛教觀念中，有關「涅槃」——解脫或自由，佛經所出現的最早討論，是佛陀對弟子們的第一次開示，當時講道內容是關於四聖諦。但一直要等到佛陀對眾生做了第二及第三次公開的講經說法，爲大家奠立理解的基礎之後，人們才開始對涅槃及解脫的觀念有了全盤和深入的了解。

那麼，我們到底有何理由或前提來接受這個想法，認爲人類所具備的那些心理惡習，最後終會被連根剷除，從心靈中被消滅殆盡？按佛家思維的體系認爲，有三項主要理由讓我們相信四聖諦是辦得到的。第一，所有心識的妄念及具傷害性的情緒和意念，基本上都是受到憂憤思維模式的扭曲；而所有對治這些心毒的解藥，諸如愛、慈悲及澈悟等，其本身不僅擁有未受扭曲的如實眞貌，更是紮實立基於人生各種經驗和實相中。

第二，所有這些對治力量，都能經由不斷實踐和訓練的精進，而更加提昇其品質。藉著時親近這些良善品質，一個人得以加強自身能力，並擴展無限潛力。所以第二項原則是，只要一個人努力精進在對治方面下深功夫，也就能相對地減低妄念對自己造成的影響和效應。

第三項原則是，人類心靈的本質原是純潔無垢染的。換言之，佛教看法認爲，人類心靈的重要本質是明心見性的淨光或佛性。

佛教的義理乃是基於上述三大原則的深切認知，才接受了這種看法，認為由心識中產生的妄念和各種有害的情緒、思維，可藉著實修和禪定，由心靈中根除。

在這些論點中，有些道理至為明顯，只要稍加注意便能明白，但有些卻仍相當隱晦不明。然而，藉著分析思辨和覺察，我們便能得出推論，因此所有這些道理也都能被人所了解。要做到這點，個人並不需要接受權威解經者的意見。

而人們之所以能在牽涉到極荒謬事物的情形下，仍接受佛陀所言為眞的理由是，在較不隱晦的事物方面，他教誨的道理結果證明是眞實可信的。一位求道者最終極關切的問題就是，人是否可能獲致究竟的自由和解脫？而關於這問題，佛陀的教誨已被證明為信實可靠的。

21

此外，受苦還有諸多好處：

使人心生出離而驕慢盡除，

對輪迴的眾生心生悲憫，

對惡事心懷羞愧，於善行中找到喜悅。

〔苦害有諸德：厭離除驕慢，悲愍生死眾，羞惡樂行善。〕

在此頌裡，寂天詳細闡明省思苦難的諸多益處。首先他說，當人省思苦難而能體察人類生存境況未能令人滿意的本質時，這份體察會自然而然減低人的驕慢心和自負感。另外，當人明白受苦之本質，以及自己生存的痛苦和受折磨之事實，也有助於發展同理心，深切感受同體大悲之意，進而更能對他人產生同情心。此外，人在了悟苦難本質之後，才會生出更大決心願意持戒精進，不再造業使自己一再墮入輪迴苦難，如此致力追求圓滿修行的結果，也會帶來日漸增多的幸福喜悅。所以這些全都是省思受苦的好處或功德。

但是，在運用諸多修行法門時，很重要的一點是要非常有技巧，切莫採取極端的手段。例如，若我們自視太高，只因擁有某些實際或幻想出來的成就及特質，便生出貢高我慢之心，那麼此時的對治之道，就是省思苦難和各種人生問題，以及存在本身並非完美的本質。此法將有助於降低一個人自以爲是的偏執態度，讓他更能面對如實眞貌。

另一方面，要是一個人藉著省思生存的不完美本質和生命中各種痛苦來對治，但竟被這些情緒淹沒，那就是落入另一個極端的陷阱中了。這時他可能會變得完全沮喪、無助和挫折，進而自憐地認爲：「喔，我什麼事都做不成，我一文不值。」這是另一種危險。所以當自己陷入這種心境時，要能藉著省思迄今已獲致的各項成就來勉勵自己，盡量想著自己擁有的正面人格特質等，藉以提振心情，讓思緒能走出挫敗或士氣低落的陰霾心境。在這兒，我們就需要使用一種平衡又有技巧的方法。

這好比種植樹苗，我們必須非常有技巧及細心。太多的養料或陽光都會摧毀幼苗。眞正需要的是一個均衡適切的環境，好讓幼苗能夠健康成長。同理，我們在修行中所尋求的正是健康的心理成長，所以也需要用溫和及精緻的方法來達成，否則就會有落入極端之虞。

還有一種可能的情況是，有些人只從某本佛經中斷章取義，便輕率地說：「這個就是佛教的修行法門。」這種以僵滯心態看待佛教修行法，儼然認爲某些特殊法門是毋需任何先決條件，就可放諸四海一體適用的，這類態度須極力避免。

換言之，眞正的修法就某方面來說，類似一具電壓調節器。啓動電源時，調節器就會提供穩定且恆常的電力。

22

當面對黃疸病纏身之苦時，
我都沒有變得失控和躁怒，
那我又何必對有情眾生發怒呢？
他們本身也是受外緣控制的呀！
〔不瞋膽病等　痛苦大淵藪，云何瞋有情？彼皆緣所成。〕

23

人們雖然不願內心生起煩惱，
但這些心病仍不時湧現。
同樣地，人們雖然百般不願，
但煩惱無明仍頑強滋生。
〔如人不欲病，然病仍生起；如是不欲惱，煩惱強湧現。〕

24

人們雖未想著：「我要發脾氣了。」
但仍不由自主生起瞋怒心，

瞋怒本身也未想著：「我要出現了。」
但瞋怒心還是自然就出現了。
〔心雖不思瞋，而人自然瞋。如是未思生，瞋惱猶自生。〕

在第二十二頌中，寂天教導我們一種修行法門：藉著細心體察自己所處環境的各種複雜實相，來修鍊個人的安忍心。在此例中我們見到，當一個人覺得自己因受人侵犯而感到痛苦，那他可能會理直氣壯地認爲自己有權利怨怒，甚至可對加害者心懷憎恨或報復意念。

但寂天的開示卻告訴我們，若我們仔細省察便會發現，在世間各種引起人生痛苦的因素中，存在著所謂有情和無情這兩種類別。但爲什麼我們會覺得某些有情因素——例如眾人——就該爲所發生的一切情況和造成的傷害負起全盤責任；而那些在誘發情況下生起的無情因素，就似乎隱而不見，被我們輕輕地一筆帶過？例如，我們不會對自己的惡疾懷恨，雖然它也爲人生帶來痛苦。

可能有人會辯稱這是截然不同的兩回事，因爲如疾病這種無情因素，其本身並無意加害我們，因此這不是故意的行爲。何況，這些疾病的發生也並非出於自願或蓄意行爲。

而寂天對此辯解的回應是，如果情況眞是如此，那麼即使某個人的行爲對我們產生了傷害，在某種意義上，這傷害本身也非當事人所能掌控的。因爲他或她也是受到妄念、五毒等傷害性情緒的逼迫才做出傷人之舉。若我們再更深入探究，會發現即使如惡念或瞋恨心等負面情緒的發生，也是各種錯綜複雜的因素積聚的結果，並非出於自願的選擇。

在第二十五和二十六頌裡，他總結自己先前所述的省思結論說道：

25

世間所有一切的過失，
以及各式各樣的邪惡，
都由各種外緣所促成，
它們本身也無力掌控。

〔所有衆過失，種種諸罪惡，彼皆緣所生，全然非自力。〕

26

這些外緣聚合在一起，
它們本身無意惹事生非；

而那些傷害和是非本身，
也不希望自己形成或發生。
〔彼等眾緣聚，不思將生瞋；所生諸瞋惱，亦無已生想。〕

在這裡面有一種環環相扣的因果法則運作其中，讓一個因導向另一個因而循環不已。沒有任何的因擁有超然獨立的地位，沒有任何事物能完全掌控自身。

27

那個被稱爲主體之物，
以及那歸咎爲本我的東西，
它們都不是在自主情形下生念：
「我爲了要造成傷害而起瞋恨心。」
〔縱許有主物，施設所謂我，主我不故思：將生而生起。〕

在第二十七頌，我們發現了某些同樣是寂天時代，但卻是非佛教學派所抱持的一些相反觀點，特別是數論派（Samkhya school）和正理派（Naiyayika school）的某些看法。他們所提出的觀點是，世間沒有任何事物的發生是出於自願的，也沒有任何事物能享有獨立於因果業力之外的超然地位。而爲了要能充分析論此點，一個人必須能先設想其他相反的意見或立場，該立場認爲這世界有某類事物能夠享有這種超然於因果力之外的地位。我在此要提出來說明的兩個例子，第一個是數論派的「造化勢能」理論（theory of prakriti），他們相信有某種首要實體或主體存在。造化勢能被形容爲是全體現象世界所由生的基質，猶如創造大千世界的質素。這個本體自身是獨立、永恆，而且絕對的。同樣地，正理派認爲「本我」享有這類獨立、絕對和永恆的屬性。

28

如果他們未生且不存，
那麼不論他們願意生起何種願望（傷害也不會存在）。
本我將永遠執迷於外境，
此類執著心亦無止息之日。
〔不生故無果。常我欲享果，於境則恆散；彼執永不息。〕

29

再者若謂本我乃永恆不變，
那它應如空間般渺無行動可言。
所以即使它和其他因緣聚合，
它本身那不變的本質又如何受影響？
〔彼我若是常，無作如虛空；縱遇他緣時，不動無變異。〕

30

若即使受外緣作用仍不變如昔，
那這些作用有何效力可言？
所以若我謂此外緣作用於常我，
這兩者間又如何產生任何關連？
〔作時亦如前，則作有何用？謂作用即此，我作何相干？〕

在第二十七到三十頌裡，寂天以佛教教義的普遍因果論來反駁道，如果主體或本我是恆常不變的，那一個人如何說明它和現象界之間的互動關係？它們之間關係的特性又如何？像這種把關係建立在現象世界與此永恆本體或本我之間連結性的狀況，一個人又如何能闡明？因爲若是本我或主體是恆常又永遠不變的，它如何能產生任何事物？一個東西若欲擁有產生其他事物的能力，它自身也必須是因緣聚合之下的產物，依賴其他因素的存在而形成。它若非由此而生，那就沒有能力產生其他事物。因此基於佛教中普遍因果論的理由，以上兩派觀點乃受到駁斥。

在第三十一頌中，寂天提出了一個總結：

31

因此萬物互爲因果，
沒有東西可以轄制自身。
了悟此道理我就不應產生瞋心，
因爲世間萬象變化有如夢幻泡影。
〔是故一切法　依他非自主。知已不應瞋　如幻如化事。〕

此頌用了夢幻泡影這個譬喻，理由是，幻影係由術士所製造出的一種假象，本身並非客觀的存在實體，而是完全受控於魔法師的幻術。所以它沒有任何客觀或獨立的生命，只是由外緣幻化而生。同理，世間萬象本質上也是由外緣和合而生，它們受到各種因素的控制，所以無法享有獨立超然的地位。從這個角度來看，它們就猶如幻影般不真實。因此，我們若用極端態度去回應某些現象，便是不合時宜之舉；因爲就某種意義而言，它們的發生也不是出於自由意志，而是在相當無助和不由自主的情況下形成。

去了解佛教教義中的普遍因果論是很重要的。當我們談及因果法則時，必須先了解此教義的基本特性。這點在無著的著作《阿毗達摩集論》中說得非常清楚，他提到佛教教義中的因果說有三項主要特性：第一，這世間不存在任何自主造物主。沒有所謂設計概念的存在，因爲佛陀自己就說過，由於有因的存在，果才跟著出現。所以一切現象都要從條件性來理解，因爲宇宙間並不存在任何一位獨立自主的行爲者或造物主。經文中說道：「由是生此因，導入如是果。」這也是因果律的第二項特性，凡是具有因的屬性之物，本身必然具有一種過渡性質；它必然是幻化無常的。如果它是恆常又永久不變的，那它就不可能有能力產生任何東西。第三項特性是，因和果之間必然存在著一種獨特的對應關係。佛教理論中的普遍因果論共有此三種特性。

若對普遍因果論做更深入的省視，會發現佛教中又把因分成兩種主要類型。一種稱之爲基礎實因，就是轉化為果的東西。另外還有輔助因緣，此因並非主要的，因為它只具輔助性功能，協助將物質轉化為果。以一粒芽萌發為例，水、溫度以及養分等，都屬輔助因緣。我們特別要銘記於心的一點是，這裡所採用的觀點是大乘佛教——尤其是中觀應成派的看法。而從論空性方面的哲學立場來看，寂天和月稱都同意龍樹（中觀宗創始人）的空性哲學，而且贊同中觀應成派的哲學教義。因此，當我們說世間萬事萬物有如夢幻泡影時，必須要從這個角度切入來了解。

在這裡就有個問題產生了。若世間萬物都只是夢幻泡影，那我們何必要嚴肅待之？它們又為何會對我們產生巨大影響？寂天對此問題的回應是，雖然世間萬物都如夢幻泡影，且經歷這些經驗的行動者或主體也如同幻影般不眞實，然而我們所體驗到的痛苦和折磨，無論其本質如何地虛幻，但那感受本身卻是非常眞實的。我們自己的經驗更加肯定這份痛苦的眞實性——這點是難以否認的。我們面對人生各種問題，經歷情緒起伏的痛苦感受，對於這份痛苦本身存在性的眞實具體，我們的經驗是無法隱藏的，而且我們也沒理由拒絕這一點。因此，就算是身在夢中，那個如幻影般存在的主體，也能夠經歷到那如夢幻泡影般的痛苦和折磨。所以，我們不能無視於那份痛苦的眞實性以及它所產生的後果，因為我們由親身的經驗肯定了它的存在。所以，將世事的本質視之如幻影，那我們就能以更佳的態度來處理問題。

下一個偈頌說道：

32

（如果萬事都如幻影般不眞，）那是誰在克制瞋怒？
當然（在此情況下）克制就沒道理了。
但這並無不合理之處，因爲我相信
克制（瞋怒）可滅斷痛苦之流。
〔由誰除何瞋？除瞋不如理。瞋除諸苦滅，故非不應理。〕

33

因此當見到敵人甚至朋友
做出傷害我的不合宜舉動，
藉著思維這一切乃由因緣而生，
我應該維持欣然接受的心境。
〔故見怨或親　非理妄加害，思此乃緣生，受之甘如飴。〕

有關空性哲學的探討，《入菩薩行》第九章〈智慧品〉裡有極廣泛深入的討論。

禪修

讓我們來做一些觀想。試著想一個場景，某位你非常熟稔或相當親近的朋友突然情緒失控了，事情出現一種極尖銳對立的關係。此人處於全然憤怒的抓狂狀態，整個人散發出極負面的「氛圍」磁場，甚至到了損毀物品或傷害自己的程度。然後我們再省思這種暴怒或瞋恨心的立即後果。我之所以認為應該觀想此情景發生在別人身上，是因為我們較容易看見別人身上的刺，卻不容易見到自己眼中的樑木。所以藉由觀想此情境，我們甚至可以看見那個人在生理上所發生的變化。這位你很喜歡、感覺很親密的人，這個以前你一見到就內心歡悅的人，如今在暴怒影響下，變成一個面目極為可憎之人。這是個分析式的冥想，所以就用分析的方式做幾分鐘這類冥想和觀想，這必須要運用你的想像力。在觀想結束時，把這份體察應用到自己的經驗中。然後內在生起心念下定決心，我決不讓自己落入這種暴怒和憎恨的陷阱之中。因為若我這麼做，我也將嘗到所有隨之而來的苦果——失去寧靜的心靈和理智，而且外表變得面目可憎等等。做下此決定，然後維持在全然專心的禪修狀態，思索自己所下的這個結論。

所以這堂課分成兩部分，首先是分析性的冥想，第二階段則是專心一意的禪修。

如果我們能運用想像力來進行觀想，那它就能變成極有效果的工具。例如，在日常生活中，我們每天都面對很多應接不暇的情況，像是電視、電影等，這些影片中常充斥著暴力跟性，但我們卻能用一種減輕負面效應的方式來看待這些畫面，也就是非但不讓自己被所見的景象震懾和影響，還能將這些畫面當做你可以從中學習的指標。西藏噶當派大師之一波多瓦説，對一個已擁有某種程度內在定性和澈悟的修行者而言，任何經驗都像是一份教誨；任何事件或體驗都如同某種學習經驗。我認為他的見地非常正確。

「答客問」

問：尊者，我們如何能在關心他人利益和發展自己內在特質之間，取得一個平衡點？

答：以輕重順序而言，一個人必須先顧及自己的內在發展。這同時是道次第法門的三種範圍的原理，或稱三種能力。在此法中，安忍可依個人的動機而分爲三個層級。其中每一層級又和個人靈性發展階段相互呼應。即使是佛陀本身在公開說法或開示時，也不會直接就談菩提心此一艱深課題，而是循序漸進地由四聖諦開始教導起。當佛陀第二次對大眾說法開示，或稱「轉法輪」時，他到那時候才廣泛提及菩提心。然而，從佛陀在第二及第三次公開說法的內容看來，並無歷史紀錄顯示對大眾說法有先後順序；這些開示可能只是對少數被揀選的人而說。

問：是否所有的惡都只是心理上的習性，而在應用對治之道來面對這些習性後，它們是真的會被滅除，或者這只是就方法上考量的觀點？在應用對治五毒時，還必須要配合發現個人內蘊的空性存在嗎？

答：關於你的第一個問題，如果我們審視在目前狀態下，自己內心那些煩惱的本質，就會發現所有的認知和情緒狀態，原來均是由先前事件轉變而來的產物或結果，這其中有種接續性。因此，我們可以說它們都是因緣聚合下的產物。從佛教的觀點來看，外在條件的因素不只是影響到此生，還必須追溯到無數的前生；也就是說，必須把輪迴理論列入考慮。然而，隨著不同情境下個別傷害性情緒爆發的程度，外在的環境因素也會對結果造成影響。例如，我們會發現，即使在同一個家庭裡，由相同父母所生的眾子女也都各具不同脾氣習性，這些都是其前世因果業力的產物。當他們年歲漸長，由於受到外在環境的薰陶和影響，會使得他們某些習性加強，而其他習性則削弱。因此雖說人的個性脾氣是受到諸前世所累積的因果業力所影響，但這其中也涉及眼前環境等外在因緣的薰習。

至於我們內心的諸多煩惱是如何生起這個問題，從佛教的觀點來說，一個人必須先接受佛陀關於「意識的無始性」的解釋。關於意識的無始性，我個人並不認爲有可能得出什麼肯定的論辯或道理。雖然我們可以追溯基本意識之流的基礎上來解釋其性質，但我不覺得能夠在邏輯演繹方面得到百分之百肯定的證明。然而對此最有力的論證是，如果我們採取相反的立場，也就是認爲意識有一個源頭，那我們必須面臨選擇：接受這宇宙存在著一位全能的造物者或是行動者——這會帶來問題；否則我們就得接受有某種非肇因事件，它本身並沒有任何起因或外緣——但這說法在邏輯上又說不通。

因此在兩相比較之下，採取意識之流是無始性的立場，在邏輯上較少矛盾衝突。而我們也正是在此基礎上，不得不接受自己各種負面習性的起源。我們實際上無法爲這些習性或傾向標立出某個起源點。

然而，某些具備較高層次靈性能力或高頻意識的人，卻有能力回溯其前生去一探究竟，他們不見得會回溯至無始之時，但至少能溯及數個前世。那是有可能辦到的。

有關你的第二個問題，所有佛教宗派似乎已有某種共識，那就是在滅除個人惡習及認知事件方面，智慧的應用有其必要性，它是不可或缺的。例如，即使是從不提倡空性哲學或無相的佛教宗派的觀點來看，靜思愛與慈悲就能直接對治人的憤怒和憎恨心。然而光是這樣，並不足以完全根除瞋恨之念。要想辦到這一點，就必須應用智慧的力量，要能了悟人是無相或無我的。眾佛教宗派的共識似乎就是，我們有需要應用智慧因素來剷除這些負面習性。大乘佛教對這點說得非常清楚。唯識宗和中觀宗都認爲，要根除心靈和知識上的蔽障，只能藉由內心產生澈悟，卓然洞見人內在所本具的空性或無我本質。

因此，洞見無我本質，被視爲是直接對治個人妄念、煩惱無明及幻識的解藥，而證悟實相的終極本質或世間萬象的終極空性，就被看成是能夠直接剷除那些由妄念而來，銘刻在我們心識中的業力印記及潛在影響力。

然而，根據中觀應成派的看法，「無我」及「無相」這兩個觀念，只有在與符合條件的主體或客體有關的情形下才能被理解；至於它們的反面，也是相同的。再強調一次，我們唯有產生洞澈空性本質的悟見，才可能根除傷害性情緒和思維。

問：夢中所呈現的景象，是以什麼樣的方式在向我們清醒的意識傳達重要訊息和啓悟？

答：一般我們視普通的夢爲不眞實的東西，所以，我不認爲需要把夢看得太認眞。當然，有些思想家確實是相當重視夢境，像是偉大的心理學家容格和佛洛伊德等。

然而我們也不能全然漠視夢的重要性。在某些情形下，有可能由於許多因素的聚合，而使得夢境產生重要的暗示作用，有些夢可能蘊含重大意義。因此我們不能漠視所有的夢。

至於有關能夠使人產生作重要夢的修鍊細節或特殊技巧，這些法門可以在密續的修行，特別是在無上瑜伽密中發現到。然而，我們之所以會強調夢瑜伽修行——也就是無上瑜伽密中與夢有關的修行，是因爲在夢境中所運用的某些技巧，能夠在人清醒時的修行中產生重大影響力。這點是主要的理由。另一項原因是，當你處於夢境中，若是能妥善運用修行技巧的話，那你就有機會將自己的精細體與最粗糙的臭皮囊分開。

問：既然憤怒和其他負面情緒是受控於諸業因及外緣等，而非在我們意念控制之下所生，那為什麼我們心裡會直接產生那些想要修鍊「慈愛—溫柔」和其他正念的想法？

答：關於此點有個比喻，那就是無知乃相當理所當然的事。我們年歲增長，但仍處於無知狀態；然後藉由教育和學習，我們才獲得知識而摒卻無知。另一方面，若我們一直昧於自己所處的摒卻狀態而沒有自覺地吸收知識，那就沒辦法去除無明了。在此情況下，當我們談及無明，就不是指佛教中所謂的無明，而是指一種缺乏知識的狀態。所以，若我們一直放任自己、不努力對抗無明，那麼各種相反的負面力量，當然就會像蔓草般滋生了。

同理，憤怒或憎恨雖然是由內心自然出現，但為了要克服或摒除此負性力量，我們必須有意識地做決定，然後刻意培養諸如愛和慈悲等正面力量來抗衡。因為我們能從這番修為中獲取正面力量，所以更應致力於此。

在佛教的詞彙裡，「涅槃」即指解脫或自由，此語常被形容為「彼岸」或「勝境」，而仍流轉於輪迴的未開悟者，則稱爲「在此岸」。這個詞還有另一層意義，指的是未開悟的個人只看得見其眼前和周遭那些顯而易見的事物。同理，這道理指的是，許多負面的情緒、心識的妄念、情緒化的傷人想法等等，都是我們個人苦難的肇因。它們存在於輪迴中，就某種意義而言是屬於「此岸」，所以它們發生得相當自然。然而，大部分我們需要的人格特質卻屬於「彼岸」，超越的「對岸」，是在解脫、自由和涅槃彼岸之物。因此，除非我們刻意培養這些特質，否則它們是不會自然生起的。

如果我們能成功「超越此岸」，就能站在一個更超然的角度來看待世間存在的諸多負面習性，那時，心識的妄念等不良傾向就成了「彼岸」之物。

問：如果憎恨心的產生，有部分原因是由於自己受到冤屈或傷害，那麼其本質是否就比殘酷傷害來得較不邪惡和負面？抑或凡是傷害之舉必暗含憎恨，就像西藏人民所受到的傷害那樣？

答：這是個相當複雜的問題。

第一部分是個很複雜的問題，我認爲我們必須把許多不同的情況區分開來。

有些傷害的造成並非出於任何恨意，而只是由於無知使然。例如，我們吃許多的魚類，但我們在吃的時候，並未將魚類當做有情或有生命之物來看待。我們心中沒有對魚存著恨意，這殺戮的本身乃源於無明。

還有另外一種殺戮，像是爲尋樂而打獵，也不是出於憎恨。我想這行爲主要也是由於無明使然，或許還牽涉貪婪心。此外，在某些情況下，人類展開殺戮或狩獵行爲主要是爲了求生存。所以這些行爲本身有許多不同層次。

然後，我認爲當年納粹黨人在集中營裡滅絕猶太人和其他民族的行爲，又屬於另一種情況。即使是在如此慘無人道的情形中，也可能有少數涉入此滅族行動的人，他們內心並未存有對被害人的恨意。由於人類行爲中有此錯綜複雜的本質，佛教有關業力的教義中，就將人的行爲區別爲四大類：有一種行爲是雖然已造成，但就某種意義而言是無動機的；有一種雖在充分動機下做出，但並未完成；還有一種行爲在動機及完成度上都十分充分；另外是那些既未形成動機也沒付諸實現的行爲。還有一種情況稱之爲慈悲性的殺生[1]。所以在出於無知和憎恨的殺戮行爲之間，我會覺得由瞋害心所引發的殺戮行爲，罪孽更爲深重也更加負面。

即使是已付諸實現的行爲，例如殺戮，行爲者所累積的惡業也有不同程度之別，這端視各項因素是否完備。例如，有個人是出於極強烈的殺人欲望而做出殺戮行爲，他內心有極深的憎恨，甚至所使用的殺人方法也極其殘酷。如果殺人是出於恨的動機，那當然使用的手段就會非常殘忍。而在殺戮行爲結束後，殺人者內心會有完成某項成就似的滿足感。在此情況下所犯下的惡業最爲深重。然而，有些情形是殺人者本身的動機和手段都較不殘酷，而且殺了人之後，凶手還可能心生悔意。在此情況下，這個人因殺戮所累積的惡業也就相對地較輕了。

此外，在那些因憎恨所犯下的殺戮當中，又可分爲各種不同等級的恨意。憎恨也可以是非常細微的。若這項殺人行爲是精心籌劃多年的產物，加害者下手時心中了無憤怒，但你不能就說在此情況下他連恨意都沒有。那份恨意是隱藏在內心深處的。儘管在執行殺人行爲的當下，他的內心並不會產生強烈情緒起伏。

西藏人有句俗諺說，一個愈世故的人，其內心的憎恨情感愈是深藏不露。所以內心愈是有強烈憎恨情感或怒意的人，在外表上看來就愈溫和謙恭。我不知道這種特質是否該受珍視。

---

❶指為解除對方痛苦而了斷其生命。

問：是否能請您多談談人生的目的？若說人生的目的是在於能活得幸福和愉悅，聽來真是胡言亂語。人生有太多事需要做，而這些事似乎都與輕鬆和快樂扯不上邊。當這世間每天都有這麼多悲傷事發生的當兒，一個人卻能沉浸在幸福中，似乎有點自私。

答：我相信人生的目的是幸福。那什麼是幸福呢？這中間又分成許多層次。最殊勝的幸福是成佛；成佛的境界是人生最快樂的境地。次一級境界是涅槃，在涅槃中成為一名阿羅漢。當然，此境界並不究竟，因為它無法給人完全的滿足，這時人的心靈仍有若干缺陷存在。但是處於涅槃中的人，已經不會再受無明之苦，所以這也屬於一種幸福的心境。然後，思及來世投胎時能進入六道中較好的境界❷，也被視為一種幸福。但若墮入六道中較低級的境域❸，那就有較多的痛苦了，也因為這樣，輪迴轉世後若墮入較低的層級是眾人皆不願意之事。我們都想要進入更高的存在領域，為什麼呢？因為在那裡會有更多幸福。

但是在今生今世之中，我認為每日要面對的生存本身，實際上是充滿希望的，雖然我們的未來並沒有任何保證可言。誰也無法保證明天的此時此刻我們都會齊聚於此。而我們仍每天辛勤地工作和生活下去，這純粹是基於一份希望。因此，源於這些理由，我相信生命是幸福；這是我的信仰。這不見得是種自私的想法。這份信念的存在是為了服務眾生，而絕不是要為他們帶來不幸。服務所意味的不只是自己享受幸福，還要去幫助其他的有情眾生得到更多幸福。我想這其中整個的哲學精義正在於此，也是所有基礎之所繫。所以幸福不是件簡單的事。

問：請詳細說明智能為何是修行安忍心的輔助因素。

答：當我在談《入菩薩行》中提及的各種修行方法時，裡面必須運用許多理性思辨或分析功夫。這正是爲什麼修鍊安忍必須用到智能做爲輔助因素的理由。所以，在一個更高層的修行次第上，對智慧的證悟就可能有許多不同的類型。在較高的靈性層次中，輔助的智慧因素，可能是那份能澈悟現象背後變動不居和念念遷流本質，以及對實相的終極本質有所領悟等等。這些都可當做一個人在修鍊安忍心時的輔助因素。

❷例如天、人、阿修羅。
❸例如畜生、餓鬼、地獄。

問：請問佛教徒對墮胎的立場是什麼？

答：有關節育的問題，一般而言，佛教徒咸認爲人的生命是極珍貴的，雖然許多人很會製造麻煩！所以，就這珍貴生命本身而言，我們是不鼓勵這麼做的。然而，今日全球面臨人口過剩問題——我們有超過五十億的珍貴生命，這是實情。這個問題本身還有另一個面向。今天，「北半球的人」和「南半球的人」之間所形成的巨大經濟鴻溝問題，在道德和實際層面上都是項謬誤。如果情形繼續惡化下去，可能就會成爲亂源。由於雙方之間存在經濟差距，有大量難民湧入工業國家，引發許多社會問題，在歐洲地區尤甚。美國所受的衝擊可能較少，因爲美國幅員遼闊，然而它仍面臨嚴重的犯罪問題。所以，我們應竭盡所能來彌合這條貧富差距的鴻溝。根據專家們的說法，地球上的天然資源，根本不足以供應南半球的人們也享有如今北半球人所享受的生活標準——即使世界人口維持在現今的五十億人。因此，人類如今面臨一項大難題。理性上而言，我們的確必須相當嚴肅地思考人口控制的問題。

一般而論，墮胎是負面之事，因爲它是殺生行爲。前幾天我讀到有關胚胎所擁有的權利問題。從佛家觀點來看，這說法是相當合理的。因爲尚未出生的胚胎也一樣被視爲一個有感覺、活生生的生命體。

例如，一位受具足戒的僧尼，其所要守的根本戒律之一，就是奉行不殺害生靈的誓約。已經受具足戒的僧尼若是殺害未出世的胚胎，即構成破壞僧伽誓言之大罪。不過佛教徒看待這些事情，基本上是根據實際情況來判斷。你可能有個大原則，但也總是有例外的情形，慈悲性的殺生即屬此類。當然，一般而論，墮胎仍須極力避免。但在某些特殊情況下，墮胎也是種能被理解的選擇。例如，如果母子的生命陷入極大危險，或是會替家庭帶來某些負面後果等等。

同樣地，在「安樂死」這個問題上，從佛家的觀點視之，若是爲了維持一個病患的生命要付出昂貴的代價，或是會因此爲家人帶來困難，而且如果此人是處在失去心智功能的昏迷狀態時，那麼安樂死是可以接受的。當然要是這個家庭經濟充裕，而且家人也希望病人能繼續維生，這是他們的權利。但若環境極爲艱困，病人再活下去會引起許多問題的話，那在這種特殊狀況下，安樂死不失爲可行之道。墮胎的情形也一樣，但必須視情況而定。這就是一般佛教徒採取的立場。

4
認清傷害的來源

34

如果事情是由選擇中而生，
那麼既然眾人皆不願受苦，
因此痛苦也就不會發生於
任何一個有情眾生的身上。
〔若苦由自取，而人皆厭苦，以是諸有情　皆當無苦楚。〕

35

由於不謹慎的緣故，
人們甚至會用刀刺或其他東西傷害自己，
而爲了贏得美人心之類的事，
他們還變得耽溺而不思茶飯。
〔或因己不慎，以刺自戮傷；或為得婦心，憂傷復絕食；〕

在第三十四及三十五頌裡，寂天說，可以用另一種方法來對治傷害和痛苦，那就是以漠然的態度面對實際的犯罪者或加害人。他建議說，在許多情形下，如果我們仔細審視狀況就會發現，許多行爲其實是出於無知或無意之舉，要不然就是雙方在迫於情勢之下的行爲。情況若非如此，那這些人又何苦同時也傷害了自己呢？所以一個人若是仔細考量這情形，就會明白許多傷人行爲並非出於惡意，而是由於太粗心或是不夠敏銳所致。

36

有些人以毫無價值的行爲
任性地傷害自己的身體。
他們選擇懸樑或是跳崖自盡，
或呑食毒藥及有害物品輕生。
〔縱崖或自縊，呑服毒害食；妄以自虐行，於己作損傷。〕

37

人們若是受到紛亂意念影響，
甚至會傷害自己的寶貴生命，
我們又如何能指望他們不傷害
其他生靈的軀體呢？

〔自惜性命者，因惑尚自盡；況於他人身，絲毫不傷損？〕

在第三十七頌裡，寂天說，若人有可能出於無知或粗心而傷害了自己，那他們也有可能因為同樣理由而傷害了他人。如果他們會生起自我傷害念頭或眞的做出此行為，那就也有可能因為同樣理由而去傷及無辜。

38

即使那些心懷惡意

想要不利於我的人們，

我無法對他們生起悲心，

但我也不能因此而生瞋心。

〔故於害我者，心應懷慈愍；慈悲縱不起，生瞋亦非當。〕

寂天在此建議我們，對那些做出損人不利己行為的人，我們不能生起瞋心或做出不智的報復行為，而要對他們愚癡無明的造業行為生起無限大悲心。

39

而如果傷害他人的行爲
是出於凡人幼稚的天性，
那麼瞋恨他們仍不合理，
因爲這猶如瞋恨火具有燃燒的本質般。
〔設若害他人　乃愚自本性，瞋彼則非理；如瞋燃性火。〕

40

而如果這錯誤只是暫時性的，
那些犯錯者本性原是信實仁慈，
那麼瞋恨他們仍舊不合情理，
這就好像去瞋恨晴空被煙遮蔽一般。
〔若過是偶發，有情性仁賢，則瞋亦非理；如瞋煙蔽空。〕

在這兩首偈頌裡，寂天告訴我們如何避免憤怒。他說，如果傷害他人就某種意義而言是人性的一部分，那就沒道理爲此責備他。畢竟，這個人也是身不由己，因爲傷害他人是出於天性。另一方面，如果傷害並非此人本性，而是某種迫於情勢所產生的現象，那麼當那個人是因處於盛怒或受外界刺激影響才做出衝動之舉，那就沒道理要他爲自己的行爲負起責任。

在前面的例子中，寂天將這情況比喻爲因爲火在燃燒而責備火一樣；燃燒能力本來就是火之本質的一部分。因著火所擁有的本質而責怪它是相當不合理的。在後面的例子中則顯示，如果有情眾生由於受到環境刺激而有衝動之舉，也不該爲此而責怪他，因爲這就像有人因烏雲蔽空而責備天空一樣地不智。受到遮蔽並非天空的本性，而是受外在環境左右之下，偶有烏雲蔽空的現象而已。

41

雖然實際上我是受棍棒所傷，
但我卻瞋恨那個揮棒之人。
然揮棒者仍非首惡，他乃受瞋心指使，
我應該生氣的是他的瞋心才對。
〔棍杖所傷人，不應瞋使者；杖復瞋使故，理應憎其瞋。〕

在第四十一頌裡，寂天指出，我們可以嘗試用另一種方法避免生起瞋心或消除憤怒的破壞力：藉由省視引發此特殊行爲或傷害背後的立即及長遠因素來化解瞋心。另一方面也可以說，我們應該直接對導致我們痛苦的因素產生憤怒。例如，有人拿棍子打我，那麼我的怒氣就該直接發洩在棍子身上。但我們也可以說，行爲背後所隱藏的那個因素，才是我們應該憤怒的對象。既然瞋恨心才是引發行爲的動機，那我們該生氣的是行爲背後的那份瞋恨心，爲什麼還要挑選出一個中介物，放在造成傷害的直接因素（即棍子）與背後的間接性因素（瞋恨）之間呢？我們將這兩項因素全都放在一邊，卻對那個媒介發洩怒氣，寂天質疑這種行爲背後的理性成分何在。

42

我以前一定也對其他有情眾生
造成過相同的傷害。
因此，替別人帶來傷害的我
也應該承受這份傷害的業報。

〔我昔於有情，曾作如是害；既曾傷有情，理應受此損。〕

寂天在第四十二頌裡，對別人揮棒傷害我們的行爲，提出另類思考或反省的可能性。他指出，既然我們所有痛苦經驗的根源，都是自己先前造業的結果，如果一個人眞要找出導致傷害的所有因素，那就該把自己的作爲也包括進去，因爲這一切苦難或傷害畢竟都是源於過去所造的惡業。

43

敵人的武器和我的身體，
兩者均是導致痛苦的原因。
既然他使用武器而我以身體相迎，
那我受傷又該瞋恚誰呢？

〔敵器與我身，二皆致苦因；雙出器與身，於誰該當瞋？〕

在第四十三頌中寂天也觀察到，我們之所以遭遇痛苦，是各種因素和條件綜合所造成。就拿別人以武器攻擊我們的例子來說，引發傷害的成因包括被敵人掌控的武器，還有我自己的身體。因爲身體的特性正是具有感知傷害之苦的能力。若無身體做爲一個基礎點，那麼在一開始就不會有痛苦的體驗。所以，既然是由於他人的武器和我的身體共同營造這起傷害發生的條件，那我爲什麼獨獨針對其中一項因素來發洩怒氣呢？

例如，知道有人在背後誣陷自己、說自己的壞話，就感到心緒紛亂，破壞了原本寧靜的心靈。一個人的痛苦是源於心境的幻念。我們西藏有句俗諺說，一個人應該把痛苦當做耳邊風。換言之，只要不理會它就可以了。要是這麼做的話，就能保護自己免受傷害或悲憤之苦。這句話表示一個人痛苦的程度，有很大一部分端視他如何回應當時的情況。這其間的差別在於當事人是否過於敏感，或是把事態看得太嚴重了。

所以從佛教徒的觀點來看，我們往往把日常生活裡的一些芝麻小事看得太認眞，而在面對將來可能發生的嚴重問題時，反倒是輕忽了事。因爲這樣的緣故，我們發現經文中把像我們這樣的普通人，描述爲童騃般地天眞無知。事實上，jhipa（藏文：byis pa）這個詞，或是幼稚，有許多不同意義：有時是傳統用法，指年齡上的童稚；有時是指一般凡夫，是和聖者（已解脫輪迴者）相對之詞。而有時它又是用來形容那些只注重紅塵俗務，卻對自己來生將發生何事毫無興趣的人。因此，我們幼稚的本質會使自己傾向在芝麻小事上鑽牛角尖，很輕易就惱怒；但在面臨將會有嚴重後果的事情時，反而見樹不見林，不願認眞思考。

44

如果我在盲目執著中依附於
這個被人觸及便痛苦難忍
危脆不堪徒具人形的大瘡，
那當它受傷時我又能怨恨誰呢？
〔身似人形瘡，輕觸苦不堪；盲目我愛執，遭損誰當瞋？〕

在第四十四頌裡，寂天明白指出，只要人類擁有這身臭皮囊——這個肉體與心識的組合體，是我們自己過往所造的諸多業因與妄念下的產物——那我們就總是會陷在痛苦、傷害和不滿的情緒漩渦中無法超脫。

45

幼稚愚癡者痛苦是自作自受，
因爲他們雖心裡不希望受苦，
卻執迷不悟犯下許多罪業。
因此他們怎能怨恨他人？

〔愚夫不欲苦，偏作諸苦因；既由己過害，豈能憎於人？〕

46

猶如地獄世界裡的重重守衛
以及冰寒鋒利的鋼鐵棘刺，
這些（痛苦）全是由我的作爲所生，
因此我墮入地獄受苦該怪誰呢？
〔譬如地獄卒，及諸劍葉林，既由己業生，於誰該當瞋？〕

在第四十五頌裡，寂天說，人類大部分的痛苦來源，都是因爲見樹不見林，把瑣碎事看得太認眞，而將眞會引起嚴重後果的大事情忽略了。因此，既然事實上我們的痛苦都是自作自受，爲什麼要別人來爲這些痛苦負起責任？

例如，波斯灣戰爭後，許多人把引發這場衝突的罪責加在薩達姆．海珊（Saddam Hussein）身上。基於相同的道理，我曾在不同場合說過：「那樣做是不公平的。」在這種情況下，我眞的對海珊總統深表同情。當然，他是個軍事獨裁者，也做過許多傷天害理的事，但若是沒有軍事設施的供應，軍隊也無從造成傷害。而這些軍備都不是由伊拉克所製造的。因此，從這個角度來理解這場戰爭，就會發現這背後錯綜複雜，牽涉到許多國家。但由於人的本性總是先歸咎他人，只想找一個藉口搪塞責任，這種傾向往往讓我們只歸因於某項因素，試圖爲自己卸責。

因此我認爲心理上的實踐，應該是以全面性觀點來看待事情。因爲其中牽涉到錯綜複雜的各種事件，我們不能把所有責任全都歸咎在某個人身上。再舉另一個例子，我們可以思考西藏與中國之間存在的紛爭。我認爲情勢會發展成今日悲劇性的局面，其實西藏人也難辭其咎。或許我們這代人有過某些貢獻，但是前幾代的先祖們確實也做了不少禍延子孫的事，他們至少誤了好幾代人。所以，把所有事情都怪罪在中國人頭上並不公平。

因此，如果我們用一種不帶偏見的誠實態度來審視任何特定的情況，並且從一個較寬廣的觀點看事情，那我們就會了然於心，明白自己在很大的程度上也得爲一些正在發生的事件負責。

47

由於是我自己造業而引發
別人做出了傷害我的行爲。

若他們因此作爲而墮地獄，
那不就是我在毀滅他們嗎？

〔宿業所引發，令他損惱我，因此若墮獄，豈非我害他？〕

在第四十七頌中，寂天指出，正是由於我們往昔所造諸惡業，才招致今日受到傷害的局面。此外，對方也因爲此惡行而犯下罪業。因此，就某種意義而言，是我們本身的因果業力造成他人的墮落，迫使他做出具傷害性的造業行爲。

48

藉著別人的惡行我得以淨化靈魂，
我以安忍心接受他們帶來的傷害。
但由於我往昔惡業卻使他們墮落，
長久墮入地獄深淵受到煎熬痛苦。

〔依敵修忍辱，消我諸多罪；怨敵因我忍，墮獄久受苦。〕

49

因此既是我對他們造成傷害，
而他們的作爲卻反令我受益，
那麼粗暴的心你又爲何生氣，
還以這麼錯誤態度憤恨不已？
〔若我令受害，敵反饒益我，則汝粗暴心，何故反瞋彼？〕

在第四十八和四十九頌中，寂天從我們之前曾提到的角度來觀察。他說，當一個人對他人造成傷害時，他的作爲就是在累積惡業。但若仔細省視整件事，就會發現這種傷害行爲本身，也正提供了修習安忍心的機會。所以，從我們的角度來看，這是千載難逢的機會，我們應該對給予這份機會的人心存感激才對。由這角度看事情，傷害性的事件是別人造了惡業，我們卻得到機會修習安忍而消業增福慧。所以我們何必要以完全相反的態度來回應，對別人引起的傷害憤怒不已，卻不因獲得修善業的機會而心存感激呢？

50

如果我擁有（安忍心）高貴品質，
我就不會墮入地獄。
但我雖（以此）保護自己，
造業者又能因此得到什麼？
〔若我有功德，必不墮地獄。若吾自守護，則彼何所得？〕

這個偈頌提出了兩個問題。首先，既然別人傷害我時，我事實上是給了對方製造惡業的機會，那這是否代表我因爲引起此人的墮落而自己同時在造業呢？寂天的回答是否定的。因爲若是能善用這個機會，以正面積極態度回應他人造成的傷害，以修習安忍心替代再造惡業，那麼這個人就是在累積善行或善念。

第二點，若是他人因傷害我反倒給我機會修習安忍心，進而使得我累積善業，那是否表示此人能因傷害我而累積善業？寂天認爲情況並非如此。因爲我們修習安忍心所得到的善業果報，只有在出於眞心修習安忍的人身上才能顯現結果。

51

然而若我用以牙還牙手段回應，
那也不會保護敵人增加其善業。
這麼做反而使我的菩薩行退轉，
於是修行的堅忍心志摧毀殆盡。

〔若以怨報怨，則敵不護罪；吾行將退失，難行亦毀損。〕

寂天說道，如果我們是採取報復性手段來傷害他人，那麼此損人行爲不僅於對方無益——事實上是傷害了別人——也會損害我們自己的利益。這是因爲如果一個人修習菩提心，此作爲會使菩提心的修行誤入歧途。此外，它也削弱了一個人藉由修習安忍心建立的堅忍德行。所以報復行爲乃損人不利己，對雙方均會造成傷害。

當某人傷害我們時，若我們不思以正面積極的安忍態度回應，反而一心只想報復的話，那就是形成一種惡性循環。如果一方進行報復，對方也必然不會置之不理，又處心積慮加以還擊，如此冤冤相報便永難止息。當這種事發生在社群中，它會代代相傳，使得仇恨報復一直惡性循環下去。結果就是兩敗俱傷，雙方皆深受其害，所有人生目標也被摧毀殆盡。例如在難民營裡，孩子自幼成長於仇恨中，卻還有些人認為這種強烈的同仇敵愾情緒對國家有益，我認為此想法十分負面又短視近利。

我們在先前的討論中曾談及，該如何合理地回應別人所帶來的身體傷害，以及該如何以安忍心對待他們。但重要的是，千萬別誤以為寂天是在教導我們對傷害棄械投降，或是我們只應該卑順地接受任何傷害我們的作為。

這點和佛教修行中處理慷慨和施捨等面向是相關的。我們知道，根據菩薩的理念，一個人的喜捨心應該盡量發展，最後甚至要能做到，即使必須犧牲自己的肉身也在所不惜。然而，在捨身這點上，時間方面拿捏得宜是很重要的。像這類的修行不應草率為之，在個人的靈性發展出一定悟力和覺知之前是不宜為之的。所以，對時機合宜性的敏銳度與拿捏準確與否非常緊要。這和我先前指出的論點相關，我們不應該為一個較次要的目標而放棄或犧牲掉某些更具潛能之物。如果是這樣的話，那寂天當然不可能建議修習菩提心的人，要他們無條件地接受他人造成的肉體傷害。反而應視情況需要，在傷害臨頭時，最睿智的良策則是趕快逃跑，逃得愈遠愈好！

我之所以會說時機拿捏合宜的敏銳度相當重要，完全要看一個人了悟的程度而定，這是因爲在一些偉大上師修道的生平事蹟中，曾出現過這類捨棄肉身以成就修行的故事。例如，在《本生經》的故事中，佛陀在某一世願意忍受所有肉體的傷害，任由自己肢體被凌遲、切割及肢解等等。他碰到這類情形時並未退避，而是勇敢面對。採取這類修行法門的人，是那些已經在佛法上達到較高層次領悟的人，他們知道自己捨棄肉身的行爲可能帶來更高的成就。

所有這些事例所指的重點是，當一個人決心致力於修行時，能夠盱衡形勢是很重要的事，他必須多方考慮自己行爲所會造成的長程和短程後果，還有情勢的種種利弊得失。

一般而言，有關倫理和僧伽戒律的律藏，在倫理性問題上的處理彈性，要比大乘佛教的立場更僵硬。但即使在律藏中，佛陀也會在教導我們有些行爲是普遍被禁止或排斥的同時，又在其他事例中容許這類行爲存在。同樣地，佛陀也教導眾生一些修行其法門所必須遵守的戒律，可是在某些特殊情形下，他會允許某些人在非常時刻毋需拘泥於這些戒律。所以即使是在戒律嚴明的律藏中，還是有採取彈性作法、通情達理的一面。

我們目前所談論的痛苦和傷害等問題，主要還是把焦點放在別人對我們的肉體造成傷害時，自己應如何合理回應上。而在下一偈頌中，寂天要討論的是，該如何處理因別人羞辱或誹謗我們而導致內心受傷害的問題。

52

既然我的心靈是無形無相的，
那麼就沒有任何人能摧毀它，
但由於它的存在依附著肉身，
肉體所受的傷害它也感受得到。

〔心意無形體，誰亦不能毀；若心執此身，定遭諸苦損。〕

53

而別人的輕視態度或粗鄙言辭，
以及使用不堪入耳之語，
這些對我們身體又不構成傷害，
我的心啊！你何必如此生氣？

〔輕蔑語粗鄙，口出惡言辭，於身既無害，心汝何故瞋？〕

在第五十二和五十三頌裡，寂天提醒我們心靈是無形相的，並且談到心物之間的關係。他反問道，當遇到別人態度輕蔑或以粗鄙言語侮辱我們時，既然此人的作爲並不會直接造成我們肉體的傷害，那我們的心又何必要對口出惡言者生氣呢？

54

若謂因爲別人會不喜歡我，
但既然別人再怎麼厭惡都完全無損於我，
無論是在今生或是來世，
那我又何必不想面對這些（厭惡）呢？
〔謂他不喜我；然彼於現後，不能毀損我，何故厭譏毀？〕

在此寂天已預料到一般人會有的反駁，亦即雖然別人的侮辱誹謗不會對我造成直接的肉體傷害，卻會引起他人厭惡我，所以我必須對誹謗者心懷憤恨。但寂天的論證是，以這點來做爲對他人生氣的理由並不充分，因爲即使他人厭惡我，也不會對我的今生或來世造成嚴重墮落的影響。相反地，如果一個人用以牙還牙方式報復這些行爲，讓自己情緒失控而亂發脾氣，那最後的結果是，此人會失去自我，因爲這種情緒化的反應會摧毀自己心靈的寧靜與穩定。對譏毀起而反擊之人才是眞正的輸家。

寂天在此所提出的建議，不是要我們對他人意見完全置之不理，或是不該在乎別人怎麼想。這些都不是寂天建議的應有回應方式。相反地，我們發現《入菩薩行》中有一首偈頌說，每當我們遷居至一處新區域或新城市，應學著入境隨俗，不去冒犯他人。這是因爲若能取悅他人，就會有更好的機會服務眾生。這是一個立志守菩薩戒者遵守的原則。所以各位在這點上請不要誤會，認爲寂天是在告訴我們應全然漠視他人。他的話中含意必須由前後文去了解；也就是說，爲了避免因爲他人侮辱譏謗而生起瞋恨心等，我們應從這個角度來看事情。但這話有其特殊背景。

55

若謂這些譏謗將毀損我的財富名利，
即使我百般不願遭受這些損害，
但生命臨終時世俗財富全都帶不走，
唯一留下的是始終不移的惡業。

〔謂礙利養故；縱我厭受損，吾利終須捨，諸罪則久留。〕

在這個偈頌中，寂天也預料到我們會自認理直氣壯地駁斥說，對那些詆毀傷害我們的人心生瞋恨是應該的，因爲他的作爲造成我們財富名利的損失；若我們不對此行爲展開報復的話，我們世俗的成就就會毀於一旦。但寂天說，以此做爲報復的理由仍不夠充分。畢竟，就算他人這些行爲的確毀了我的財富，但這些世俗之物我們臨終時也帶不走。它們在此世有用處，但人一死就必須捨棄一切，所以這些東西沒有什麼重要性。而若是對他人的譏辱做出負面報復之舉，像是情緒失控、大發雷霆等，這些行爲所造的惡業就會一輩子跟著我們形影不離，有時甚至帶進下一輩子繼續惡性循環下去。

56

因此，我寧可今天就死去，
也不願過冗長邪惡的生活。
因爲就算別人希望我長壽，
我終究還是有死亡的痛苦。

〔寧今速死歿，不願邪命活；苟安縱久住，終必遭死苦。〕

57

假設有人作了黃粱一夢，
他在睡夢中體驗百年喜樂；
而另一個人也是身在夢中，
卻只享受瞬息的歡樂滋味。
〔夢受百年樂，彼人復甦醒；或受須臾樂，夢已此人覺；〕

58

當這兩人都醒轉過來後，
那些快樂都流逝永不返。
同樣地，無論人生歡樂久長或短暫，
生命臨終之際一切猶如夢醒。
〔覺已此二人，夢樂皆不還。壽雖有長短，臨終唯如是！〕

59

雖然藉著獲取大量財富物質，
我能夠久享世間的榮華富貴，

然一旦撒手仍赤身空手而歸，
那光景猶如遭盜匪洗劫殆盡。
〔設得多利養，長時享安樂，死如遭盜劫，赤裸空手還。〕

在這幾首偈頌中，寂天指出，與其靠不當手段牟取財富而安享天年，我們寧可死於今日，因爲人終歸一死。汲汲營營所積聚的榮華富貴永遠也帶不走，但是我們往昔所造諸惡業的惡果，卻生生世世形影相隨。無論如何，藉由不當方式獲取世俗功名成就，如此尊貴享受的日子不論能過多久，到了生命臨終之際，一切都渺如微塵，猶如春夢了無痕。這和只能享受瞬間歡樂其實別無二致：它們一旦過去了，就只是像場夢境。

60

或謂財富能助我維持生活，
進而就能除罪惡和積善行；
但我若爲財富營生而起瞋恨心，
豈不是會增加罪業而折損功德？

61

〔謂利能活命，淨罪並修福；然為利養瞋，福盡惡當生。〕

如果只爲獲取物質財富，
但卻因此讓我退轉墮落，
像這樣一生只是不斷行惡，
這種生命又有什麼意義呢？

〔若為塵俗活，復因彼退墮，唯行罪惡事，苟活義安在？〕

寂天在這裡又指出意料中一般人會有的反應：「我有了財富名利後，不僅能生活得更安適，而且還能有機會做許多善行，累積不少功德。因此我當然有理由報復任何阻礙我賺取財富的人。」寂天還是認爲，藉此來合理化自己行惡以牟取財富的行爲，是完全說不過去的。因爲我們可以衡量在致力爲善積聚福德，和因受到侮辱而報復所造下惡業間的得失，這差距根本無法相提並論：惡業的影響力遠比善行的福德大得多。因此，這理由不足以支持我們去報復那些傷害或侮辱我們的人。

62

或謂譏謗削弱他人對我的信心，
所以我當然應該對那些人生氣；
但爲何我不因同樣道理去憎恨
那些誹謗其他人的人呢？
〔謂謗令他疑，故我瞋謗者；如是何不瞋　誹謗他人者？〕

63

如果我能接受同樣行爲
只因事不干己，
那麼誹謗只是依煩惱而生，
我又爲何不能忍受只與煩惱相關的誹謗？
〔謂此唯關他，是故吾堪忍；如是何不忍　煩惱所生謗？〕

寂天在此又指出另一種合理化的說辭：「當別人侮辱、輕視或說我壞話時，我當然有理由對他生氣，因爲他的作爲導致別人對我失去信心。」

寂天論辯道，若事情果眞如此，那麼當他人在詆毀第三者時，我們爲何不生氣呢？一個人可能對此回應道：「算了吧！反正受辱的是第三者，與我又不相干。」

禪修

在這一堂課中，讓我們觀想某位你討厭的人，他常使你惱怒，是個為你帶來許多困擾的麻煩精。你先想像某個場景，此人當面做出一件冒犯或惱怒你的事，當你觀想此情景時，先讓你衝動生氣的自然反應發洩出來。然後觀察一下：自己的心跳是否加速？自己內心是否生起不愉快之感，或者反而更加平靜？花三、四分鐘時間來判斷及覺察。然後，在最後的那分鐘了悟到，任由怒氣發洩是無濟於事的，這只會使我們失去內心平靜而已。所以，你就對自己說：「以後我絕對不會再這麼做了。」內心要生出堅定的決心，然後讓身心鬆弛，專注於冥想。

答客問

問：除了省思人生痛苦外，是否還可培養其他法門或對治法，以對治貢高我慢之心？

答：對治之道之一，是去省思修行法門的多樣性。依據佛教理論，對治驕慢的方法之一，是去省思佛經中所討論到的各種範疇，修行各種能讓人察覺實相的法門等等。另一項則是現代的教育體系，它提供了各種領域的訓練。經常念及自己對許多知識領域仍只是個門外漢時，能有助於一個人克服驕慢心。

問：寬恕在個人修習安忍心的功夫上，扮演什麼樣的角色？

答：寬恕像是由安忍而來的一種結果或一項產物。當一個人眞的具備安忍功夫，寬恕就會自然生出。所以它們之間密不可分。

問：女性在佛教中的地位是什麼？我們也都聽說過在佛教和其他宗教中，有各種剝奪女性權利、存有偏見，或以不當方式對待婦女的情事。但佛教經文似乎是以男性觀點來談事情，女

性似乎自有另一套適用的社會及行為規範。是否有不同的修行法門和經文等，是適用於剛啓蒙的婦女以及比丘尼，讓她們走上更順暢的修行之道？比丘尼的生活和比丘有何不同？

答：的確有許多西藏佛教經文和思維，其引述來源是出自印度的班智達（pundits），而由於他們都是男性，所以他們的作品也反映出男性的觀點。

你提到的第二點就有點複雜了。首先，根據律藏的律則，佛陀給予男性和女性均等的機會。《戒經》的規定，是爲受具足戒的男性及女性而設。但我想因爲文化習俗的關係，使得比丘地位被視爲優於比丘尼。因此若由這個角度來看，其中確實有歧視的意味存在。

同理，所有受菩薩戒和密宗戒的男女修行者都是平等的。但在某些經文中，我們還是發現菩薩在獲得完全開悟的最後階段，有必要現大丈夫相。

根據無上瑜伽密的看法，在修道路上不僅是眾生平等，而且任何修道者都有機會獲得完全開悟，不論其性別爲何。所以其中並未有分別心或歧視。然而有件事似乎非常明確，那就是，無上瑜伽密特別重視女性的權利。因爲其誓願強調：「不能虐待或侮辱女性」，這被視爲根本戒律之一。而之所以要特別列出這些戒律，我想原因是在於社會習俗中仍有歧視女性的偏見存在，因此也就特別注意到尊重女性的尊嚴和權利。事實上，一位無上瑜伽密的修行者，理想上應該是跟女性有特殊的關連。像是母續的修行者，法門中就特別強調：如果沒有特別狀況，那麼每當你遇見一位女性時，就向她五體投地獻上最敬禮。如果無法以肢體語言致敬，也應該在內心致上敬意。

另一方面，「不虐待或侮辱男性修行者」並不被視爲根本戒律之一。這所顯示的意義是，它們特別重視那些未受適當尊重的人。所以我認爲，佛法基本上具有機會平等的精神。然而，由於社會觀念作祟，確實可能有虐待或輕視婦女的情事。因此，戒律中刻意強調要尊重女性，我覺得這充分說明了佛教眾生完全平等的精神。如果完全由凡夫菩薩位的角度來看，我想佛教是相當平等的。

我認爲度母①是最具影響力的女性主義者。在度母修道的傳奇中顯示，當她一開始生起利他的大悲心，希望能利益眾生而獲得完全開悟時，她便立下了一個決心。她眼見修道路上的凡夫菩薩或已證得菩薩果位者都是男性，於是便下定決心，不僅要以女性身分來修得菩提心，甚至在整個修道過程中，或是在已獲得完全開悟、證得果位時，也要一直保持著女性形象。

問：能否談談自我憎恨的問題，以及佛教徒該用何種方法來減緩這種痛苦？

答：事實上，當我初次聽聞「自我憎恨」這個字並理解它的含意時，我感到相當震驚而難以置信。我之所以會如此訝異，是因爲身爲佛教修行者的我們，時刻都在努力克服自己的自我中心態度、自私想法和動機。因此，一思及竟有人不愛惜自身，陷溺於憎恨自己的情緒泥沼，就令人感到難以置信。由佛教觀點視之，僅僅是任由自己身陷挫敗或懊喪的負面情緒裡，就已是一種相當嚴重的情況了。但對自己起瞋念，則情況又更加極端，是件非常、非常危險的事。

於是，我們在與生俱來的佛性中找到了解藥——也就是相信有情眾生，尤其是人類，皆具佛性的事實，明白眾生本具成佛的潛質。事實上，寂天在《入菩薩行》中，對這個道理更是不遺餘力強調再三。他說，即使是世間極微渺的小生物，像是蚊蚋、蒼蠅、蜜蜂，或是其他昆蟲，牠們也都具備佛性。若牠們發心致力於修菩薩道，同樣也都有完全證悟的可能。若是如此，那麼資質才具得天獨厚的人類，若也發心求般若智慧，又豈有不能完全證悟之理？這點是寂天念茲在茲、不斷強調的重點。彌勒在《現觀莊嚴論》中提及一個佛教徒對佛性應有何看法。他說，無論我們目前處境如何艱困或遭到多麼嚴重的剝削，也絕不會喪失與生俱來的佛

①金剛乘諸神中最受人崇信的女神。

性。那顆能令人證悟成佛、獲得大自在解脫的種子，永遠存在於人類內心。

對於陷溺於自我憎恨或自我厭惡情緒泥沼中的人，我會先建議他們，別去思索人生存在的痛苦本質或不完美之處，而應該把心神貫注於存在的積極樂觀面向上，例如對自己生而爲人所擁有的潛力和機會心存感激。在傳統的教導中，會提及我們生而爲人所具備的各項特質。而藉由思量這些難得的機會和無窮潛能，就能夠增加一個人的自我價値和自信感。

所以，再次強調，重要的是要採取最方便善巧的修行法門，也就是最能符合個人心智能力、氣質性情以及興趣的方法。打個比方，假設有人需要到很遠的城鎮去接另外一個人，而這個人又生性頗爲膽怯。若是有人預先告知他或她，這趟路程可能會困難重重，那麼此人可能會覺得灰心喪志而心想：「喔！我恐怕永遠也到不了那兒。」但是，我們可以藉由更有技巧的方法，循序漸進地引導那個人達成目的。首先我們可以說：「喔，我們先到這鎮上去吧！」等到達目的地後再進一步建議：「喔，讓我們再到另一座城鎮去吧！」這種情形同樣可以類推到我們的教育體系。雖然我們最終的目標可能是要上大學接受更高的教育，但這些卻非一蹴可幾。我們得先由基礎教育開始紮根，教導基本的字母等，等一個人進步後再進入下一個階段，之後再進入下一個階段等等。在這種循序漸進的方式下，一個人就能按部就班達到終極目標。同樣地，在正法的修行上，很重要的一點就是採取最符合個人目前條件的方法。例如，每個人性情皆不相同，有人較爲傲慢和自負，那他們就該採取一種較適合這類性格的法門；而有人則欲念或瞋心較強烈或是較爲懦弱膽怯，那就要採取順應此性情的技巧。所以提婆②所著的《四百論》中，即廣泛談及應該如何依據每個人的心性特質，來引導他走上最合適的修行道路。

事實上，歷史上也有先例可循。佛陀時代，曾有位國王犯下弒父的逆倫重罪。他被自己所犯下的罪行完全嚇壞了，情緒十分沮喪。佛陀造訪時就對他說，這對父母本來就該被殺掉的。但此處佛陀所指的並非實質意義上的父母，而是把父母比喻爲讓我們不斷輪迴的執著和欲望。我們由於受到個人業力和貪執的影響，必須在六道中受輪迴之苦。正因爲業力和貪欲共同產生出輪迴，就某種意義上而言它們猶如父母。因此佛陀才會說應滅除業力和執欲這對父母。

這是由重視一般修行者需求的觀點所做的陳述，而我們應該了解佛陀在某些經藏中的經文，似乎顯示他甚至還接受有關自我或是靈魂的理論。

---

②龍樹的弟子。

問：當人能夠辨識輪迴的本質，就會產生真正的出離心。一個人是如何了悟到輪迴本質的？是因為經歷諸多痛苦後才生起出離心，還是由於明白了人生痛苦的實相而生起出離心？

答：單憑著明白痛苦本身，並不能保證一個人必然會生起出離心；它還須輔以認清痛苦的來源以及此緣由爲何會導致痛苦。藉由此兩者的結合，即了悟痛苦本身及其根源之後，才會使人走向眞正的出離斷滅。

佛教中提到苦的三種類型——苦苦、壞苦（suffering of change）、行苦——想要從苦苦中解脫的願望，這是連動物都會有的本能。這不能說成是出離心。我們可以說這是爲了尋求從痛苦中解脫而傾向出離斷滅，但是我們不能說這是眞正的出離心。

將壞苦視爲痛苦的實相，並且生起欲解脫的出離心，這種念頭是專心尋求正定心境的非佛教徒禪修者也能夠生出的。但這並非佛教精義中所說的出離心的眞正意涵。眞正的出離心必須是在第三層次的痛苦中發展出來，一個人在此境界中了悟存在所潛藏的不完美本質，以及此本質使人受到痛苦無所不在的制約。當人心中有此了悟時，那就已碰觸到問題的核心點，因爲這份開悟正是奠基於了解人的存在是業力與幻念的綜合產物。

因此，如我先前指出的，眞實的出離心乃是出於澈悟生命存在的變動無常本質所生起的決心。萬物念念遷流的本質向我們所顯示的事實是，人類本身不具持久的能力，也沒有獨立的地位，而是受外緣所左右。就拿人類的心識來說，它的活動受到累世累劫的業力和夢幻泡影般的幻念所掌控。一旦了解心識是由負面業因力量而生，就能察見人生的不足和痛苦本質。這使得人內心生起眞誠渴望，想從這種生存方式中尋得解脫。這才是眞正的出離心。在目前的討論中，我仍認爲要讓一個人產生眞正出離心的必備條件，是這個人相信人有獲得自由的可能，換言之，就是相信人可能達到涅槃或解脫境界。否則，若是單憑思量痛苦本質即能生起眞正的出離心，那佛陀就毋需向世人開示四聖諦了。他大可不談四聖諦。但是，當我們談及認清痛苦本質時，必須記住可經由兩種方式來明瞭其本質。其一是由終極的角度，它指的是痛苦實相的終極本質，也就是空性。但這和我們在討論出離心時所談及的痛苦本質又有所不同。我們在此所使用的是較一般性的詞彙。

問：如果修行的目的是革除欲念或不沾染感情，那我們又如何感受慈悲心？難道慈悲不是一種情感？

答：或許你有興趣聽聽我和一些科學家們所做的討論。我們談到該如何界定情感的問題。

討論到最後大家都同意，即使是到證悟佛性的境界，一個人仍有感情存在。因此由這個角度來看，我們絕對可以說慈悲也是一種情感表現。

情感不見得就是負面的東西。情感可分爲破壞性和建設性兩種，所以我們應當努力的是滅除破壞性的情感。

問：一位已宣誓入教的基督徒，是否仍有可能皈依為佛教徒？我本人是非常虔誠的基督徒，事實上是正式神職人員，但在我的理解中，似乎耶穌基督所給予世人的寶訓，與佛教徒在菩薩道上所證悟的真理之間，有一種奇妙的相容和協調。這讓我們心理上對兩種教義都能產生親近感，因為它們的內容均為宣揚人生的光明、愛與解脫，以及引導世人走向真理的道路。我個人靈性生命中的精神導師是湯瑪斯．莫頓（Thomas Merton），他就兼具天主教神父和佛教修行者的身分。

答：當然，在世界各主要宗教傳統裡，有許多共通的元素。因此我相信，在初修行階段，我們確實可以同時修行佛教和基督教，甚至還可能包含其他宗教。我認爲這是件相當好的事。

但問題在於，當一個人的修行進入更高次第時，那就好比接受教育一樣，你若想成爲某方面的專家，就必須選擇某個領域致力鑽研。當你潛修佛教到達某種境界後，證悟空性便成了修行道上主要的精進方向，而我認爲佛家的空性觀念和基督教所倡言的宇宙至高無上造物主的概念很難並行不悖。另一方面，對基督徒而言，在其信仰體系裡，必須無條件接受宇宙有位造物主，且此造物主擁有至高無上權柄的觀念。這個前提很重要，因爲它使人發掘內在的自制、博愛、寬恕等諸多美德，並增進與上帝的親密感。這是基督教的重要概念。但若將上帝視爲至高無上的權威主宰，那就頗難接受萬物的生命息息相關的觀念了。但若人對上帝的理解是將其視爲終極實相或眞理，那就有可能發展出某種具包容性的求道之路。如果試著對聖父、聖子、聖靈三位一體的概念提出新解，我個人認爲三位一體或可比爲佛教中的三身，即報身、化身及法身。然而，一旦我們開始以三身的教義來詮釋三位一體時，那麼此修行法門是否還能被視爲是基督教式的，就相當令人懷疑了。

至於就個人宗教信仰而言，我認爲應該依個人心智氣質而定，這點非常重要。所以我告訴人家，身爲一名佛教僧侶，我發現佛教最適合我的心性。但這並不表示佛教適用於每個人。其理甚明。對於其他人而言，奠基於創造理論的基督教、伊斯蘭教或猶太教傳統是更有說服力的，這點毫無疑問。所以在宗教信仰上，非常、非常重要的一點是，必須依循個人的心性傾向而定。

另一件我常試圖澄清的事是，改變宗教信仰並非易事。例如，在這兒的西方世界，在座大多數人的家庭背景和文化傳承是基督教式的。所以我想告誡各位，改宗是非常複雜且困難的。當然，對眞正的無神論者而言，較受佛教吸引也沒有關係。如果眞是這樣，很好呀，你就該將佛教做爲自己的信仰；這總比繼續當個無神論者要來得好些。通常我會稱一般所謂的無神論者是「極端無神論者」，因爲從某個角度來看，佛教也算是一種無神論。我認爲成爲佛教徒比繼續當個極端無神論者爲佳。所以這點是很清楚的。但那些對自己傳統宗教背景有所眷戀的人，在考慮改宗時就必須非常謹愼了。一般而言，我認爲最好還是依循個人傳統背景從事宗教修行。當然你可以運用某些佛教技巧。你毋需接受輪迴理論或其他深奧的哲學體系，只需運用某些法門來增進自己的安忍、慈悲及寬恕之心。

另外，我也認爲致力於專注冥想是很重要的，這是我們基督徒的弟兄姊妹頗感興趣的。我發現在希臘正教的教會中，稱此爲「密契主義」（mysticism）。所以這其中當然有些法門你也可採行。但若你只是迫不及待想改宗，那麼不久後你可能遭遇困難和混亂。因此，改宗必須非常謹愼。很重要的一點是，一旦你改變個人信仰，爲了要適應新的宗教信仰，你會自然而然地對先前的信仰採取批判性的態度，但這麼做是非常危險的。雖然以往的信仰可能對你已不適用或產生不了影響力，但對於其他數以百萬計的人們，它仍是個能夠利益眾生、發揮強大影響力的信仰。所以我們應當尊重彼此在信仰上的權利。如果是一個能使世間千百萬人的靈性受到激發的信仰，我們就必須尊重它。有許多理由支持我們這麼做。

5

捨棄諸惡根

接下來，寂天又解釋當別人毀壞我們的財產時，我們該如何處理心中所生起的憤怒和瞋恨心。到目前爲止，他已討論過該怎麼處理他人對我們的傷害；接下來他繼續探討要如何面對他人傷害屬於「我的」事物。

64

若有人詆毀、破壞佛像，
甚至損害舍利及正法等，
我也不必爲此起瞋害心，
因爲佛陀不可能被傷害。

〔於佛塔像法　誹詆損毀者，吾亦不應瞋；因佛遠諸害。〕

在第六十四頌中，寂天談到一名佛教徒在面對他人詆毀或做出破壞三寶這類褻瀆行爲時，可能會覺得對犯此罪行者生氣是件理直氣壯的事情。因爲對佛教徒而言，三寶是極其珍貴殊勝之物。一個人可能因而祭出護法大旗，義正辭嚴地斥責、瞋恨毀棄三寶的人。但寂天告訴我們，這麼做並非合宜之舉，因爲實情是，一個人由於無法忍受這種行爲而有憤怒的回應，但三寶本身的神聖性根本不可能受到人為傷害。

65

我應當避免瞋恨那些
傷害我上師及親友者，
反而該把這些事看成
是由往昔業緣而生的。

〔於害上師尊　及傷親友者，思彼皆緣生，知已應止瞋。〕

在第六十五頌中寂天告訴我們，對傷害我們靈性導師、親戚或朋友的人心懷瞋恨，也是不適當的行為。因為即使在這些情況下，這些人所受到的傷害也有一部分是源於他們過去世所造的惡業。此外，有時還包含一些外在的環境因素。如果某人的朋友受到傷害，這可能是由於那位朋友先前的某些作為，才導致了今日受到傷害的局面。所以，我們也應該把業力的因素考慮進去，而不要隨意起瞋恨心。

66

既然生物
同受有情與無情所傷，
何以唯獨瞋惡有情呢？
故我當安忍一切傷害。

〔情與無情二，俱害諸有情，云何唯瞋人？故我應忍害。〕

在第六十六頌中寂天說，先前提到當考量造成傷害的因素時，就會發現這些因素包含了有情與無情兩種。但我們爲什麼特別挑出有情之物，覺得他們才該爲傷害負起責任，或單單對他們心懷恨意？

67

若有些人因無明而傷害他人，
有些人則爲此傷害去瞋恨造成傷害的人，
這兩者到底哪一個是有過錯的？
而誰又是沒有過錯的？

〔或由愚損人，或因癡還瞋；此中孰無過？孰為有過者？〕

寂天在此剖析了事情對稱的兩個面向。若某人傷害了一個人或他的朋友，那麼他的作爲主要是由於被無明愚癡蒙蔽的結果。若有人爲此而對他大發雷霆，那麼這份瞋恨心同樣也是因愚癡所致。所以這兩種行爲中存在著一種對稱性，而情況若是如此，那到底是誰對誰錯呢？因爲無論是最初那個加害者或是因此而起瞋怒心者，兩人同屬愚癡的範疇。

68

我爲何在往昔造下諸多罪業，
使得如今因業報而遭受他人傷害？
既然萬事都源於我自己行爲的果報，
那我豈可對敵人心懷怨恨？

〔因何昔造業，於今受他害？一切既依業，憑何瞋於彼？〕

在這個偈頌裡，寂天對一般相當能被理解的憤怒情緒提出回應。他說，人們可能會辯解道，敵我是處在兩種截然不同的情況：「首先，我只是管我自己的事，並未插手干涉他人事務，但對方卻在毫無受侵犯的情況下，對我做出這樣的傷害。因此我們所處的情況不同。所以我的瞋怒反應是合理的。」

寂天說，會有如此反應，表示這個人其實並沒有把整件事想得透徹。若一個人審慎省思，就會明白到頭來自己才是那個該負起責任的人，因為今日的這個局面全是自己的業因所致，所以我們不能說：「在這事情上，我是完全清白無辜的。」

69

認清這層道理之後
我當努力追求福善功德之事，
如此才能夠在心中確實生起
利益眾生的慈悲安忍思維。

〔如是體解已，以慈互善待。故吾當一心，勤行諸福善。〕

在第六十九頌裡，寂天為他先前所發展的思維脈絡做一個總結。他說，一個人應當下定決心：「從今而後，我要盡全力使自己生活於和諧平靜中，並在跟他人互動時要心存慈悲及安忍的善念。我不僅要盡全力讓自己維持這個生活方式，還要努力使眾生也這麼做。」

70

例如當一棟房子起火燃燒
火勢已蔓延至另一棟房子，
理應將一旁乾草等助燃物
盡快移離到遠離火苗之處。

〔譬如屋著火，燃及他屋時，理當速移棄　助火蔓延草。〕

71

同理，當瞋恨之火蔓延時，
無論此時我的心貪執於何物，
都當立即捨棄貪欲諸惡根，
因爲我恐懼瞋心燒毀功德林。

〔如是心所貪　能助瞋火蔓，慮火燒德屋，應疾厭棄彼。〕

在這兩首偈頌裡，寂天強調對治貪執的重要。因爲本質上，貪執正是瞋怒之惡根。他舉例說，若某人發現自己的房子著火了，那他就應馬上將乾草等易燃雜物搬開，以免火勢蔓延到其他的房子。同理，一個人心中的瞋恨之火之所以能夠蔓延，就是因爲背後有貪執心供應燃料以助長火勢。所以我們應該要做的是，割捨自己的貪執欲念。一般來說，大乘佛教所教導菩薩道理念或菩薩行的經典中，像是寂天所著的《學處集要》（*Compendium of Deeds*），我們會發現其中特別強調對治瞋恨的重要，書中開示人們該如何抵擋及消除瞋恨。但他同時也提到在某些例外的情況下，執著心反而有助於正在修行菩薩道的人。不過即便如此，一般而言，執著心或貪欲仍是瞋恨的根源。

瞋恨心和執著的差別在於，當瞋恨心生起時，常相當粗暴又極具破壞性，會立即產生一種干擾心靈平衡的衝擊力。而執妄的表現方式就溫和許多，但一個人的執著仍是瞋恨心的根源。因此爲求完全堅壁清野，就不得不認眞對治執著心。

雖然執著對於菩薩在爲眾生謀福祉時有所助益，因爲這能更堅定其心志，但須明白這作用並非執著的本質所造成，而是菩薩利用執著的意志力達到利益眾生的目的，它是一種善巧方便的修行法門。但我們終須了悟，執著才是使人處於昏昧無明的根源。

而我們會明白看見，有許多人世間的衝突紛爭，即使只是家庭裡的問題，它們均源於人類內心強烈的執妄。並且我們會發現，執著也因對象不同而分成幾種類型。對色、聲、香、味、觸五塵的任一種產生執迷心，都會造成許多麻煩。但令人最沉迷而難以自拔的，似乎是對性的執迷。經論中常描述當沉迷於性時，也同樣是受到五塵的垢染所致。因此，人一旦執迷性欲，引發的問題和破壞性就相對地更加複雜嚴重了。

我個人的疑惑是，到底世人對金錢的執迷該屬哪種垢染？因爲錢的外形和聲響，都不是它吸引人的原因。不過人有錢之後，的確可獲得許多財富資具，或許正因如此，人才會對金錢產生這麼大的執迷。

在此另一個相關議題是兩性關係。我看見有兩種主要基於性吸引力的關係。其一是純粹性欲方面的，無論在動機或驅力上，都屬一種要求立即、暫時性的滿足，然後基於此而建立起關係。但我認爲這種關係既不可靠又不穩定，因爲彼此並不將對方當做人來看待，而只是互視爲物品。而另一種關係雖然也是奠基於性吸引力，但這份吸引力卻不以生理爲主。它包含了對一個人的尊敬和欣賞，覺得這個人是親切、和善又溫柔，因此而對另一方產生敬意。此種關係要比前一種長久得多，而且也較爲合宜。而想要建立這種穩定的關係，重要的是要有足夠時間了解對方。當每個人都有足夠時間更深入了解別人，明白他人的基本性格，那麼關係自然就更穩定可靠。所以我們可以說，這第二種關係在建立的時候，裡面包含某些眞誠的情感成分。這其中還存在著責任感，因爲彼此有一份承諾。而這正是前一種關係所缺乏的，它所追逐的只是暫時性的滿足。

如我先前所提及的，人在自己或在他人身上，都會發現有許多矛盾衝突之處。有時一天之內，想法差距之大，逼得人必須耗費整天的精神來尋求解決之道。這情況會使人大傷腦筋。很自然地，人與人之間，無論父母與子女、兄弟和姊妹，也都有差異存在，隨時都可能發生衝突、意見不和。既然人生中隨時都有矛盾衝突和意見相左的情況，那我們又該如何面對和處理呢？如果我們對自己的協調能力有自信的話，就能處理這些情形了。

72

若一個原應受死之人
被砍手之後就受到釋放，這怎能不算幸運？
若我經歷人間諸苦難
就能免受地獄刑罰痛苦，這怎能不算幸運？

73

〔如彼待殺者，斷手獲解脫；若以修行苦，離獄豈非善？〕

如果我連現在這些小苦
都無法忍受的話，
那又如何克制自己免於瞋恨，
這個將帶來地獄痛苦的淵藪？

〔於今些微苦，若我不能忍，何不除瞋恚──地獄衆苦因？〕

在這兩首偈頌中，寂天解釋一個人若能不對他人所造成的傷害生起怨怪瞋恨之心，那麼他的收穫是使自己免受之後可能出現的悲慘後果。因為若是一個人用瞋恨心回應這些不利於己的情況，那麼非但不能使自己免受眼前傷害，更雪上加霜地造下惡業，累積將來受苦的業因。反過來說，若一個人面對傷害時，心中不起瞋恨而修習安忍心，那麼雖然會暫時感受不適或傷害，但這份短暫苦痛卻能使自己免於往後更大的災難。那麼在此情況下，藉由忍受較輕微的問題或困難，能使一個人未來倖免於更多痛苦。寂天在這裡用了死刑犯的例子來說明。他說，若有個死刑犯可以用砍去手臂的代價來換取自己性命，他豈有不對此救命機會心懷感激之理？只要忍受失去臂膀的痛苦，就能免於死亡這更大的刑罰。寂天還補充說，這樣做有另一個好處：它不僅讓我們免受未來可能臨身的更大災難，還能因體驗傷害的緣故而消去自己過去所累積的各種罪業。因此這可以達到雙重目的。

以安忍坦然接受小的磨難，也給人機會應用其他的修行。一個人可在心中立誓迴向：「願藉此受苦經驗，消我往昔所造之惡業。」一個人也可利用此機會來修行拔苦予樂（tong-len），亦即大乘修行法門中的「施與受」。這法門是當人在經歷痛苦磨難時，心中要想著：「願我所受諸苦痛，能代替有情眾生經歷所有可能的類似痛苦。願藉著我所經歷的一切，能解救其他眾生免受此苦。」所以一個人能藉此代他人承擔苦難，並利用這些受磨難的經歷來做爲自己修行的機會。

這個法門在對治疾病之苦方面特別有用。當然最重要的還是先採取各種預防性的措施，使自己不受疾病侵襲，像是採取正確飲食或其他種種方法等。而當一個人生病時，也不能忽視要有適當醫療以及其他必要的治療方法。但在此有個極重要的差異點，那就是人在面對疾病時的態度。如果一個人面臨病痛纏身時不自憐自艾，不被焦慮憂傷所擊倒，而是採取健全的態度，不受這些額外心理負擔的折磨，那麼即使他的生理病情並未減輕，其內心仍能藉由思量「願藉此病苦，使我能幫助和解救其他跟我遭受相同經歷的人」，經由這方法把病痛化爲一種靈性修爲的機會。換言之，就是修行拔苦予樂觀修法，或是「施與受」。雖然此類修行法不一定能使身體痊癒，卻絕對可使人免受額外心理負擔的折磨之苦。除了此項優點之外，一個人也可能因心境的轉換，非但不在心理上因受病痛侵襲而哀傷，反而還視其爲一種恩賜。事實上它該是個令人高興的大好機會，因爲此特殊經驗會使得一個人的生命更加豐富。

有時由於對業力的因果法則有所誤解，人們會把每件事都歸咎於業因，想藉此爲自己脫罪，或做爲不肯採取行動的藉口。一個人可能會很輕鬆地說：「這一切全由我過去業障而起。我能怎麼辦呢？我無能爲力呀！」這眞是對業因的一大誤解。因爲雖然我們的經歷乃是過去行爲的結果，但這並不代表一個人別無選擇或者沒有改變的餘地。這情形在生命中各個領域皆然。一個人不應該拿「世間萬事皆爲因果業力運作使然」來做藉口，而變得人生態度消極，只想爲自己卸責。如果吾人對因果業力的概念有正確了解，就會了解它代表的是「行動」，而這是非常積極的運作過程。

當我們談到因果業力或行動時，它就牽涉到做出行動的行爲者，這裡所說的就是過去世的自己。所以我們未來世會過著怎樣的生活，有很大部分是決定於我們今日的所作所爲。此外，我們也不能將業力想成是一種消極、靜態的力量，而應視之爲積極的運作過程。這表示那個始作俑者本身扮演著重要角色，因爲是他決定了業力發展的方向。例如，想像一個很單純的滿足個人食欲行爲。爲了達到這個單純目標，一個人必須爲自己採取某些行動：需要去覓食，烹調準備，然後吃掉食物。這表示即使是個簡單的目標，也需藉由行動來完成。

74

爲了滿足自己的各種欲望，
我經歷無數地獄火燒之苦；
但這種種導致痛苦的行爲，
卻對我自己和他人生命目的毫無增進。
〔為欲曾千返　墮獄受燒烤；然於自他利，今猶未成辦。〕

75

而今既然只需忍受這一點小苦
就能成就許多大利益，
那我實在該爲能消除眾生之苦

而對這些利他之苦生歡喜心。

〔安忍苦不劇，復能成大利；為除衆生害，欣然受此苦。〕

在這些偈頌中，寂天解釋道，一個人爲了利益眾生及修習安忍心所經歷的各種艱辛，跟在較低輪迴領域所受的苦痛相較，實在是微不足道。修習安忍的痛苦過程只是包括爲他人服務，這些只要經由學習或訓練就絕對可以忍受得了。

禪修

讓我們藉著觀想某人正遭受極大痛苦或是置身於極不幸的處境，來修習自己的慈悲心。試著將自己與此人聯想在一起，想像他或她是和你一樣有能力感受痛苦和歡欣的。之後再把心神貫注於觀想此人的不幸處境上，體會他所受的煎熬，試著慢慢在心中生起對他的慈悲心。讓那份自然生出的慈悲心導向這個人身上。

讓我們跟先前一樣，利用禪修的前三分鐘做較理性的分析。心中想著人生各種痛苦以及不幸的境遇等。然後試著在心中獲致一個結論，想著：「我多麼強烈希望眾生能從痛苦束縛中解脫！」以及：「我誓願幫助眾生由此苦海中解脫！」然後把念力專心致志地貫注於那份決心上。

一般來說，禪修分成兩種主要類型。其中一種，你可以拿某樣東西當做自己的觀想對象。例如，當你在觀修無常或是空性時，你不是把心念融入於無常或空性的本質，而是用無常或空性本身做為觀想對象，然後將念力專注其上。另一類的禪修是將自己心念提昇至某種境界。例如在觀修愛及慈悲時，我們並不是把愛和慈悲本身視為觀想對象，而是試著將自己的心念提昇，融入於一種愛和慈悲的境地。

我想重要的是要了解，當你心中生出菩提心的慈悲動機時，意味著你想要分擔他人的勞苦重擔。從這個角度來看，你為自己承攬了額外的痛苦或磨難。也正是因為這緣故，在分享他人的痛苦經驗時，可能會出現某種程度的不適。然而，在這一切受苦現象的背後，一個人必須抱有高度的清醒，因為你是為了某個更高的人生目標而自願、刻意地承受了其他人的苦難。這種情況和你自己身陷痛苦而感到完全被痛苦力量淹沒，到了近乎麻木和遲鈍的地步，是大不相同的。為他人擔待苦難而生起慈悲心所感受到的痛苦不適，本身隱含著一份清醒力量，一種釋放心靈的解脱感。因此，為他人承擔愈多苦難，內心所生起的清醒和決心的願力就更加強烈。這一點是各位必須牢記於心的。

大家不要誤解有關西藏偉大的噶當派上師朗日塘巴的故事，他是位專注於觀修慈悲與愛的偉大修行者。據説他總是愛哭個不停，因此人們稱他為「哭泣喇嘛」。但大家可別誤解其意。因為這位偉大修行者之所以鎮日哭泣，正是為了使他人和自己能夠達到全然喜悦和幸福的境界。此境界稱之為「善逝」，語譯為「悠遊於化境」或「進入彼岸」，那是種充滿喜悦且全然平和的境界。所以朗日塘巴哭泣並不是因為想陷入痛苦境界，而是想藉此將自己和他人一起帶往幸福和喜悦的境地。

［答客問］

問：請解釋一下恐懼和憎恨，以及恐懼和安忍之間的關係。

答：恐懼分成好多種。有些恐懼是基於紮實理由而來的眞正恐懼，而有些僅是個人心識幻念製造出來的。我認爲後者是個人長期負面思維所累積的結果，而且是種痛苦的處境。一個人對自己各種負面情緒抱持戒愼恐懼之心，我認爲是件適當的事。但是，出於消極負面心態而恐懼他人，這在他人眼中可能被視爲敵意。由此之故，有時某類恐懼就極易被人與憎恨混爲一談。至於恐懼和安忍之間有何關連，這我就不清楚了。

問：我們與其學習該如何處理他人的憤怒情緒，為何不乾脆直接避免跟這類人打交道？

答：這觀點非常實在。事實上，初階段的修行者往往選擇僻靜之地，道理也正在於此。然而這終非長久之計。當一個人獨處修行時，應該致力修鍊內在力量，如此一來，當他重返社會時，才算是心智已裝備齊全的人。有些人選擇在修行時與世俗社會完全隔離，避免與外界接觸互動，終其一生只在僻靜之處禪修，這種人可稱之爲阿羅漢，他們常被形容爲像犀牛一樣的人。

問：有什麼證據能夠證明佛性是確實存在的？我們如何得知人人皆具備佛性，以及我們本身也擁有此佛性？

答：首先，佛家思想所抱持的理由之一是，心念的終極本質爲「非實體的」，佛教稱之爲「空性」。因此，心念所感知到的實相是一種幻識，是心境扭曲下的產物，毫不具備本然基礎。這道理能藉推論得知，毋需訴諸經典權威。然而，要通悟這點，不僅需要理智上的推論分析，還必須輔以禪修經驗，這樣才能獲致悟境的知識，明白心靈的終極本質是空。此外，根植於以分析方式來理解心靈實相的幻識狀態，其實是能夠被消除的。

而只要我們在論及意識時，能將心神集中於一件事情上，即意識在本質上只是一種經驗。它與物質無關，究其本質，不過是經驗或幻識。那麼，我們的境界就離了解心靈本質乃純淨無垢不遠了。這個事實一般人不見得能夠完全領會，但可以理悟到相當程度，若藉由推論分析的方式亦然。但一個人要能完全理悟心的本質乃純淨無垢染，且外顯的一切只是幻識，那就可能需仰仗經典權威之助，因爲這需要具備區辨不同心靈層次的能力。這得由四種不同層次和極高境界中的精微意識來解釋，也就是所謂心念的「淨光」本質。我們很難說自己能對心靈層次區辨做全盤理解，只靠思維而毋需經文之助。

在此重要的是，一個人所具備能獲致某種程度理解的經驗，到底是在何種程度上面？我們確實可以在金剛乘譬喻性的思辨中，看到它試圖建立一般稱之爲「精細心之八十相」的存在，及其如何與精細心的四種層次產生關連。然而我個人認爲，只藉由邏輯推理和思辨分析就想全然達到此結論，是相當困難的。我們看到彌勒在《寶性論》中論辯道，我們之所以與生俱有離苦得樂的欲望，是因爲克服痛苦獲得快樂是有可能的。彌勒在此想指出的就是佛性的存在。

問：您對於那些宣揚佛法時言辭精巧、舌燦生花，但卻又無法躬行佛理的佛法老師有何看法？

答：佛陀早就看出會有這種可能，所以他對一個人該具備何種資格才能當佛法老師，有相當多嚴格的規定。如今這似乎已成爲一項嚴肅議題。首先，站在老師這邊的立場，凡從事教誨或講解佛法的人，都應該眞正受過訓練，且是學習、鑽研過佛理的。但既然所教授的內容不是歷史或文學，而是屬於靈性的範疇，那老師本人必須有實證經驗。如此一來，當此人是以親身體悟來談論宗教這個議題時，所說的內容才有分量可言；否則，他的話就沒什麼效力了。因此，當一個人開始向別人談論佛理時，應該明白自己肩負的責任，身心必須有所準備。這點非常重要。也正是因爲如此，宗喀巴談到老師所需具備的條件時，就引用了彌勒的《大乘莊嚴經論》。在此經中，彌勒列出當老師者需具備的最重要條件，像是必須受僧伽戒律訓練、寧靜自得、具慈悲心等。而宗喀巴的結論就是，凡是想尋求靈性導師的人，首要之務就是先明白，自己想在老師身上找尋哪些應該具備的條件。有了這份知識之後再尋訪明師。同樣，凡是想收學生而自成宗師者，不僅要對這些條件了然於胸，還要衡量自己是否具備這些資質。若是尚未達到這個標準，就應努力精進，使自己合於這些條件。因此，從老師的立場而言，他們也應了悟到自己身負重責大任。如果有人內心深處其實汲汲渴求財富，那我認爲他們還是藉由其他手段來賺錢要好得多。所以如果一個人的作爲名實不符的話，是件非常不幸的事。而這種表裡不一的行爲，實際上也給予共產黨可乘之機，指控宗教是一種剝削的工具。這實在相當悲哀。

佛陀本身也注意到宗教具有的潛在剝削危機，因此他特別指出一個人不應藉由五種錯誤的方式來謀生。其中之一就是欺騙或取悅自己的施主，來爲個人謀取最大利益。

而站在學生的立場，他們也同樣肩負責任。首先，你不應盲目接受任何人來當你的老師。這點非常之重要。因爲事實上你聽聞佛法的來源處，不見得是由一位你認定爲上師的人，反而可能是從某位法友處學習切磋而得。要審慎考量一個人，直到你對他或她了解得非常透徹，而且能夠信心十足地說：「現在，他或她能夠當我的上師了。」在你內心擁有這份全然的信心之前，先將這個人視爲法友，然後虛心地向他或她討教和學習。你也可以藉由閱讀來學習，現在市面上這類靈修書籍愈來愈豐富了。我認爲這樣是較佳的方式。

在此我想稍微提一下我三十年前就曾提出的觀點，那是有關師徒關係的一個特殊面向。當我們研讀寂天的《入菩薩行》時，我們發現在某些段落的偈頌中，會特別強調某種想法；而除非我們是依循適當的脈絡來了解這些辨證的始末，否則就容易引起誤解。同樣地，在上師—弟子的關係中，由於上師在激發個人靈性、祝福以及潛移默化方面，扮演相當重要的角色，因此我們會相當強調和上師間維持一定信賴度的適切關係。在描述這些修行方法的經文中，我們看到一句話，那就是：「願我能對上師起尊敬之心，以赤忱奉獻給上師，這使得我能視上師的每個行爲均爲純淨無染。」

早在三十年前我就說過，這事實上是個危險的觀念。把上師的每個行爲都視爲純淨無染和開悟之舉，濫用這種想法潛藏著巨大的危機。我曾稱這想法猶如毒藥。對某些西藏人而言，這種說法或許太過極端。然而證諸今日佛教界的亂象，我當初提出的警語似乎是一語中的。無論如何，這是我個人的立場和態度，但我的這份觀察——認爲盡信上師是種危險之舉，是出自佛陀本身之語。例如，在律藏的訓示中，即明白列出佛陀的道德規範和僧伽戒律，裡面提到對上師應持何種態度。佛陀說，你的確應當尊敬上師，但若上師教導你與佛法相反的道理，那你就必須尊佛法為大，拒絕接受其教誨。

在經藏中對此也有明確教示。佛陀說，上師所教誨的內容，凡與一般佛法相符合者，就應遵循；反之，若與一般佛法的實踐法門矛盾不合者，則應加以捨棄。

在金剛乘佛教的無上瑜伽密中，特別強調上師—弟子之間的關係。例如，在無上瑜伽密中，我們會修行上師瑜伽，而這整個瑜伽即是獻給我們與上師間的關係。然而，即使是在無上瑜伽密裡，我們也會發現有經文告訴我們說，若上師所教誨內容有任何不符佛法之處，就不能遵循。你應該向上師解釋自己無法同意這些教誨的理由，而不能僅因上師這麼說，就毫不猶豫地去做。因此，我們會發現這道理教導的並不是：「好的，無論上師告訴我什麼，我都會遵行無誤。」而是告訴我們，應該要用自己的理智和判斷力來做決定，拒絕任何與佛法相違背的指示。

然而，若我們仔細研究佛教史，的確會發現有些偉大的修行者對其上師抱持身口意全然精誠專一奉獻的例子，像是帝洛巴、那洛巴、馬爾巴，以及密勒日巴等，似乎是做得有些太極端了。但我們發現，這些大修行者表面上看來往往像是社會邊緣人或乞丐，或是可能做出一些奇異行徑，使其他人對他們失去信心。但當時機成熟，該強化眾生對佛法以及對本身信心之際，這些大修行者就會產生一股制衡力，這是種極高的精神悟證境界。這股超乎想像的強大力量，使他們能夠示現各種人們前所未見的超自然異能。然而如今出現在某些上師身上的情況是，他們做盡所有不符道德戒律之事，卻偏偏缺乏這股能展現異能的制衡力，因此使得佛教界產生許多的問題。

因此，身爲學生的你們，首要之務就是應該睜大眼睛，審慎徹底地觀察。一定得等到對某人正直清白的個性有某種程度的信心後，才考慮以此人爲師或尊其爲上師。這點非常之重要。第二點是，即便內心如此確認，若是仍發生有害佛理之事，那麼你有權拒絕它。學生務必謹記在心的是，千萬不可盲從、驕寵上師。這是非常重要的原則。

問：我內心懷抱著無比虔敬，坐在這兒想著，若說這世上並沒有什麼造物主，那真是一種傲慢。然而我明白佛教教導我們謙卑。您為什麼認為邏輯思考能使人了解偉大的宇宙整體？這只是另一種形式的信仰嗎？還有，當我們論及這世界上有（或是沒有）一位造物主時，那麼該

把直觀（intuition）和感覺（feeling）放在什麼位置上？

答：關於世界上並沒有造物主的這個立場，佛陀本身所宣說的經文中似乎已有清楚的闡述。例如，我們拿談論緣起的《稻稈經》來做例子，在此經中佛陀宣說，世間因為先有因的緣起或產生，而後才產生了果。佛陀之後出現的佛教大思想家的作品中，也可以找到類似的看法，例如寂天或月稱的著作。寂天在《入菩薩行》的第九章〈智慧品〉裡，清楚表達了對這個議題的看法。同樣，月稱的立場也十分清楚。法稱在《釋量論》的第二章，也對此主題有非常堅定的立場。法稱在某一偈頌中特別論及：一個完全證悟菩提的人，是那個已「成為」完美的人。這裡用「成為」這個字眼，正代表佛教教義並不相信世間本就存在著某種永恆或絕對的完美存有。釋迦牟尼佛自己也是經由因、緣、訓練及過程，才終於證悟佛法，成為完全開悟者。而在此也是用「成為」這個字。那正代表了佛教的立場。

正如我常說的，這世間有五十億蒼生，各人皆具不同的性情。因此就某種角度而言，我覺得世間需要五十億種宗教，因為一種米養百樣人，每個人的性格差異相當大。因此我們就可以非常清楚地看出，對某些人而言，世間存在著一位造物主的這種觀念，是對眾生更有益，也是他們較願接受的想法。所以那些人就該遵循那樣的宗教傳統。這其中的關鍵在於，每個人都該努力尋求最適合自己心性、氣質和信念的靈修之路。

至於你問題的第二部分，這個直觀或感覺與造物主之間的關係是從何而起呢？這當中可能有某些社會心理的因素存在，而文化背景也可能扮演某種重要的角色。我之所以會這麼說是因爲，對許多西藏人而言，人死之後還有來世或輪迴轉世的直觀是極自然的；它是與生俱來且本能的知識。所以這裡面根本沒有商榷、論辯的餘地。

最重要的是，如果你用別種宗教的哲理來辯論，我認爲這麼做是不對的。僅是安住於其中就好。讓佛教的道理歸佛教，基督教的哲理歸基督教，彼此互不侵犯。所以這是很明白的事。我們即使到同一家餐廳、在同一張餐桌上用餐，也是各自點不同的菜餚進食，沒有人會對此發出異議。宗教是純屬個人之事。

問：如果我們所有的行為都因緣而起，那麼一個人又如何選擇要走上開悟之路？這是出於個人的選擇，或者只是難以避免的下一步？

答：一個人之所以精進投入追求完全開悟或解脫的修行路，絕非僅出於時間上自然演化之結果。因此若缺乏決心，不肯採取行動，不切實精進於靈修道路以獲致圓滿境界，那麼不可能會自然而然就進化到更高的靈性層次，成爲悟道更深的人。

當我們談到「空性」時，會發現諸佛典經文中所臚列的各種空性，共有十六種之多。輪迴的空性稱之爲「無始無終的空性」。它背後的理由是，如果個人不採取任何初步動作，也不做任何有意識的努力，那麼我們生存所處的未開悟狀態就會這樣無止盡地持續下去。然而，一旦打破此靜止狀態，開始做出人爲有意識的努力，那這種未開悟的生存狀態便有終結。

我個人從彌勒《現觀莊嚴論》第二章的某個概念裡，得到相當大的啓發。他談到修行菩薩道的人所具備的五種性格。他說，要是就眼前可見的各種習性的自然傾向而言，某些東西可能是確定的——有些人較適合走個人解脫的道路，有些人則較符合大乘佛教追求完滿佛性的目標、追求菩薩道的理想。然而，就終極的觀點而言，眾生皆平等，因爲佛性普遍存在於每個人身上。所以我們在此所區分的眾人，皆具成佛潛能及實現這份潛能的能力。

6

珍視仇敵

76

若有人因稱讚我之敵爲優秀，
而內心獲得隨喜讚嘆的快樂，
心呀，你爲何不也一起讚嘆，
讓自己也獲得同樣的快樂呢？
〔人讚敵有德，若獲歡喜樂；意汝何不讚，令汝自歡喜？〕

寂天在前面討論過，應該如何不帶瞋怒之心來回應別人對我及親朋好友的傷害，現在他又把情況轉到當有人讚美我們的敵人，或是對我們不喜歡的人評價甚高時，我們該如何處理內心的憤怒？通常的反應是，我們會討厭聽到這類消息，然後就開始感到生氣。但寂天指出，我們不應該生氣，因爲這不是該有的態度。聽到別人稱頌敵人便怒火中燒，是全然不合宜的舉動。因爲只要你仔細審視就會發現，當某人在讚美我們討厭的人時，至少在讚美者心中有某些成就和滿足感。他之所以會稱讚，是因爲對這位敵人心存好感，他因歡喜讚嘆而內心快樂。這時候我們就應爲此高興，如果可能的話，也應跟著隨喜讚嘆，而不是反倒生起妨礙的念頭。讓自己隨順改變態度，才能眞正擁有喜悅的泉源。這同時也能幫助其他人改變對別人的態度。因爲一個人若是能用這種寬大的態度來面對事情，那他就較不會爲嫉恨所苦。而心中不受嫉妒垢染的人，就會是個活得更快樂，並且樂於與人群相處者。

77

藉由隨喜讚嘆所得的內心歡悅
是不受自性罪垢染的喜悅泉源。
佛菩薩等大成就者所教之戒律
都以隨喜爲攝受他人最佳方法。
〔如是所生樂，唯樂無性罪，諸佛皆稱許；復是攝他法。〕

78

若謂他人因受讚美而心生快樂，
但你卻不希望他得到快樂；
那同樣你也不應給僕役薪資（以使他們快樂），
但這麼做將反過來影響你今生及來世的快樂。
〔謂他獲樂故，然汝厭彼樂；則應不予酬。此壞現後樂。〕

寂天在此又觀察到一般人可能會用以下的藉口：「當敵人受他人稱讚時，我應心生嫉妒。因爲那份讚美使我的敵人快樂，因此我當然會有妒意而且討厭此稱頌。」

寂天的回應是，如果這就是一個人自認嫉妒及生氣有理的依據，那就表示他所討厭的是他人的快樂與喜悅。而若情形果眞如此，那麼人又爲什麼要費這麼大功夫去取悅他人，做各種事情來使人家高興？一個人若不能忍受敵人的快樂，那又爲什麼要去做各樣使其他人快樂的事？

79

當別人誇讚我的各種好處時，
我也希望其他人聽了會快樂；
但當他們誇讚我仇敵的美德時，
我卻不希望自己聽了生歡喜心。

〔他讚吾德時，吾亦欲他樂；他讚敵功德，何故我不樂？〕

80

想要喚醒利益眾生的菩提心，
原是藉由希望所有人獲得快樂。

如果他們已得到那份快樂，
那我為何反而心生瞋恨？

〔初欲有情樂，而發菩提心；有情今獲樂，何故反瞋彼？〕

寂天在接下來的偈頌中解釋，人們在這件事情上表現出另外一種衝突矛盾的態度。他說，當別人直接讚美我們，對我們評價甚高時，我們不僅自己內心快樂無比，還希望其他人聽見這份稱頌也會跟著心生讚嘆歡喜。但這與我們聽見別人受稱讚時的態度截然相反。當別人被讚美時，我們不僅對他人的快樂不以為然，而且自己原本寧和的心境和快樂也被摧毀殆盡。所以在面對自己和別人受到讚美時，我們內心的反應似乎相當不一致。

特別是對於已發心要在菩薩道上精進者而言，他們一生所追求的正是利益眾生，想為別人帶來歡喜，並引導大家悟證菩提，因此對他人的快樂心生嫉恨是完全不合宜的事。事實上，當其他人藉著自己辛勤努力，在生活中不時獲得某些小小的喜悅和幸福時，我們更應心生歡喜感激之情才對，因為他們在毋需我們幫助的情形下就獲得這些幸福的經驗了。

81

若我當初發心希望諸有情都成爲
普受三界眾生廣大供養的菩薩，
那當我看見他們僅獲得世俗尊崇
爲什麼心中反而惱恨嫉妒不已？

〔初欲令有情　成佛受他供；今見人獲利，何故生嫉惱？〕

82

若眾生是我應負責照顧其生活
而且必須供養許多東西的親戚，
那若是他們如今已能自力更生
我難道不該高興而反倒要生氣？

〔所應恩養親，當由汝供給；他親既養護，不喜豈反瞋？〕

寂天再接下來指出，修習菩提道者原已發心要視眾生如菩薩，把他們放在如佛般的最高地位，讓他們獲得普受廣大三界供養的尊崇。若果眞如此，這樣的修行人怎能因他人的成功、喜悅和幸福，而讓自己受嫉恨之苦的折磨？然後他舉例說明，假設我們必須負責供養某些人，使其物質及金錢上皆無虞匱乏，若是這些人能夠自食其力獨立生活的話，就是減輕了我們的負擔。因此我們面對這種情況應心懷感激歡喜才對，因爲他們能靠自己的力量謀生。同理，身爲每天心繫眾生福祉並爲此恆常祝禱的菩提道修行者，我們必須時刻牢記在心的是，當我們說「有情眾生」時，指的是每一個人，甚至可能是我們所不喜歡或討厭的人，包括仇敵在內。

83

若我連眾生獲小利益都不欲見，
那我又怎麼希望他們證悟菩提？
一個嫉恨他人享受財富者的心中，
怎可能會有菩提心存在？
〔不願人獲利，豈願彼證覺？妒憎富貴者，寧有菩提心？〕

在此偈頌中，寂天問道：「如果我連別人擁有物質上的成功都無法容忍，那我如何能宣稱自己希望眾生也證悟無上菩提呢？」因爲這是僞善的作法。在這種人心中是不可能生出菩提心的。

84

敵人是否得到利益有何相干？
無論他是否獲得那些東西，
或者東西仍在施主的家中，
兩種情形下我都一無所獲。

〔若已從他得，或利在施家，二俱非汝有，施否何相干？〕

寂天在此提到的是，當自己的敵人獲取某些物質利益，像是得到施主的贈予時，我們沒有理由因此而嫉妒或不悅。因爲就算敵人沒有獲得施主的東西，對我們來說也沒有任何差別：因爲敵人所沒得到的東西，也不會轉贈到我們手上。所以，就我們的立場而言，這些利養無論是由敵人獲得或是留在施主家中，對我們毫無差別。

85

所以，我爲何要心生瞋怨而拋棄福德
以及別人對我和良好品德的信心？
你說，我失去獲取福德的美德，

86

怎麼不該因此而瞋恨自己？

〔何故棄福善、信心與己德？不守已得財，何不自瞋責？〕

你對自心中所造的罪業

非但沒有任何悔恨之情，

爲何還想再以嫉恨之心

和修過福德行的人競爭？

〔於昔所為惡，猶無憂愧色，豈還欲競勝　曾培福德者？〕

事實上，我們內心眞正渴欲的是物質財富或聲名成功；對別人物質上的成就心生嫉妒是完全不對的行爲。因爲這份嫉妒瞋害會毀掉一個人將來能獲得廣大財富的福德善根。所以一個人若是眞的極渴慕物質財富，那對這個嫉妒他人成功的自己，才應該更感到憤怒才對。

此外寂天還說，當我們看見敵人成功、獲取許多物質財富，並得到他人極高評價時，內心非但不應生起嫉恨或氣惱的情緒，反而該爲他們的成功而高興。因爲如果我們也跟著生歡喜心，或許也有機會分享這份成功。這個可能性是存在的。然而，若是反其道而行，對他人的成功生出嫉恨之心，那麼不僅無法消盡過往所造的諸惡業，就某種意義而言，甚至是在跟他人的福德善行做激烈的惡意競爭呢！

87

縱使你的敵人因而感到不悅，
那你又有什麼值得高興之事？
你那僅希望敵人受害的念頭，
並不能使他真正受到傷害呀！
〔縱令敵不喜，汝有何可樂？唯盼敵受苦，不成損他因。〕

88

而即使敵人如你所願受傷害，
這又有什麼值得你高興的呢？
若說：「這樣才感到心滿意足。」
那還有什麼比這種心態更墮落呢？

89

〔汝願縱得償，他苦汝何樂？若謂滿我願，招禍豈過此？〕

「煩惱漁夫」所設下的魚鉤陷阱

銳利難以忍受。若不幸被鉤住，

那我定會被地獄兵卒放入油鍋，

受到痛苦無情的可怕煎熬。

〔若為瞋漁夫　利鉤所鉤執，陷我入地獄，定受獄卒煎。〕

在這三首偈頌的一開始，寂天都問道，若是敵人因我們的作爲而不快樂，那我們又能得到什麼樂趣？僅僅意欲傷害他人，希望有什麼惡事能降臨敵人頭上，是無論如何也傷害不了敵人的。而即使我們所有一廂情願的想法和希望發生在敵人身上的壞事，全都眞正發生了，那又有什麼值得快樂的呢？如果我們說：「可是這樣的話，我便心滿意足了呀！」那寂天會說：「還能有什麼比這想法更墮落嗎？」

於是他下結論道，這種瞋恨心猶如漁夫拋下的釣餌，因此我們應特別戒愼小心，切勿掉下陷阱被瞋害之鉤給攫住。

90

世間讚美稱譽的聲名榮耀，
既不能轉化爲福德或壽命，
也不能賜我力量或免於疾病，
它更無法帶來任何身體愉悅。

〔受讚享榮耀，非福非增壽，非力非免疫，非令身安樂。〕

91

如果我明白自己的人生意義何在，
那在這些聲譽中又能找到什麼價值？
若我所求的只是短暫歡樂陶醉，
那還不如沉迷於賭博或醇酒吧！

〔若吾識損益，讚譽有何利？若唯圖稱心，應依飾與酒。〕

在這第九十和九十一頌裡，寂天指出我們不應擔心自己的聲譽或是人家如何評價我們，因爲事實上，毀或譽對於我們的生命不會造成太大差別。因此，我們應把生命中的輕重事項拿捏得宜，尋求眞正有價值，對自己生命有意義的東西，而非徒然競逐空泛的名聲。或許有人反駁說：「這並非實情，因爲當我享有聲譽尊崇，獲得很高評價時，內心產生極大的滿足感。」這裡面確實有種立即的滿足。但如果單單是爲了這個目的，那正如寂天所類比的，我們就能理直氣壯地酗酒或甚至嗑藥了，因爲這些行爲也爲我們帶來了立即的滿足呀！

92

如果僅是爲追求聲譽虛名，
使我財富散盡或斷送性命，
那麼空泛的聲譽又有何用？
一旦死亡，榮耀能給誰快樂？

〔若僅為虛名，失財復喪命，譽詞何所為？死時誰得樂？〕

寂天在此偈裡解釋說，有時候我們的確發現有些人寧可捨棄財富利養，而只爲追求聲名的尊崇，甚至會看到有些人極端到連性命都不顧。但若仔細審視這些事例，就會發現他們並未從聲譽中得到什麼益處。畢竟，名聲不過是傳之於口耳間空泛無意義的言辭，而人一旦往生後，又能從名譽中得到什麼快樂？人類追求聲名榮耀的主要動機，不過是爲了獲得某種滿足感。但如果爲此連性命也賠上，那就沒人能蒙受其利了。所以這種沉迷於競逐虛名的行爲是相當幼稚愚蠢的。而人卻被沽名釣譽的念頭所迷惑，以致完全失去理智。

93

當孩童堆砌的沙堡傾頹時，
他們會失望傷心嚎啕大哭；
同樣當我失去虛幻美名時，
心智不就也如孩童般幼稚？

〔沙屋傾頹時，愚童哀極泣；若我傷失譽，豈非似愚童？〕

寂天在此頌裡以對比來說明：當孩子在玩堆砌沙堡遊戲時，他們是很認眞地對待此事，因此若辛苦堆出來的城堡瞬間傾頹，孩子們常忍不住失望而嚎啕大哭。競逐名利之人的行爲與此實在沒有太大差別。

94

世間名利榮耀本短暫如浮雲，
它們既然無心我又何必高興？
若說因爲他喜歡而對我讚美，
那稱讚本身就是我歡喜之因。
〔聲暫無心故，稱譽何足樂？若謂他喜我，彼讚是喜因；〕

95

然無論是因讚美或他自己高興，
這些讚美與高興於我又有何益？
那歡喜和快樂是屬於那個人的，
我本身可連一丁點也得不到呀！
〔受讚或他喜，於我有何益？喜樂屬於彼，少分吾不得。〕

96

若說我該因他人快樂而快樂，
那我應對所有人都同樣隨喜。
可是爲何他人讚美仇敵之際，
我卻反而生起瞋心鬱然不歡？
〔他樂故我樂；於衆應如是。他喜而讚敵，何故我不樂？〕

97

因此若我思及「我受人讚美了」，
內心便沾沾自喜，
這樣的快樂是沒有意義的，
它充其量只是幼稚的行爲。
〔故我受讚時，心若生歡喜，此喜亦非當，唯是愚童行。〕

在這四首偈頌裡，寂天說，若我們細思就會發現，當別人稱頌我們時，眞正令我們快樂的不是這些讚美本身，因爲那些言辭的聲音很短暫，而且不含任何意義。這些諛詞本身既無意取悅，也對我們不含什麼感情。我們或許會想，當有人在稱讚我們時，在讚美的當下，至少那個讚美者內心會生出一些喜悅和滿足之感。而這個才是我受稱讚時內心感到快樂的原因。但若情形果眞如此，那麼這份喜悅也該屬讚美者本身所有，它根本與我們的心理活動無涉。所以，我們實際上如何能分享那份屬於他人的喜悅和快樂？但如果我們反駁說這個並非重點，重要的是對方由於有機會讚美我而感到愉悅和欣喜，那我們為何不在敵人被讚美時也感同身受，跟著一起高興呢？至少那個稱讚我們敵人的人，他的心中是有著喜悅的。因此寂天在第九十七首偈頌中結論道，若因心中想著「我受人讚美了」而生起歡喜心，是沒有意義的行為。它不過是幼稚之舉。

98

因此讚美使我的心思散漫離亂，
也損害我澈悟輪迴苦的出離心，
它使我嫉妒品德高尚之士，
並且破壞了所有圓滿功德。

〔讚譽令心散，損壞厭離心，令妒有德者，復毀圓滿事。〕

99

因此若有人處心積慮
想要破壞我的聲譽，
那他不也是在保護我
免於墮入惡道輪迴嗎？
〔以是若有人　欲損吾聲譽，豈非救護我，免墮諸惡趣？〕

寂天在此指出，其實受人讚美會有許多缺點和不幸的後果。首先，若一個人有名，經常受到他人稱頌和極高評價，那他就會受盛名之累而變得極爲忙碌，最後影響到自己的靈修。盛名不僅妨礙修行，還會損害一個人的出離心，因爲人一旦有名後就會變得盲目，無視於世間的無明愚癡，反而覺得萬事順遂如意。因此，當他思及輪迴時，可能會覺得：「喔，那也不錯呀！人生挺美妙的！」還有一種危險是，當人們讀到有關輪迴的看法時，可能會認爲：「呀，這種輪迴的觀念或許只是那些常年離群索居的苦修者所寫出來的東西，而他們只是不食人間煙火，跟現實世界脫節的人罷了。」因此而低估輪迴之苦的本質，以致放棄在修道上精進。第三點是，當一個人完全被聲名沖昏頭之後，就會生起貢高我慢之心。當人的驕慢心增加，就會因自己在世俗眼中的功成名就而變得傲慢不已。雖然在乞丐中也看得見嫉妒的蹤影，但當一個人成功後，似乎嫉妒心愈加鮮明，更加陰魂不散。嫉妒心的強度彷彿也隨著成功的到來而水漲船高。

所以，當我們被人讚美時，背後其實隱藏不少潛在危機。這些複雜的因素我們應該要愼思明辨，因爲它們到頭來都會損害我們的靈性修爲。

100

我是一心追求解脫的人，
不需要受世俗名利束縛。
那對於助我卸除羈絆者，
我爲什麼要瞋恨他們呢？
〔吾唯求解脫，無須利敬縛；於解束縛者，何故反生瞋？〕

101

正如我欲造業使己身陷痛苦，
但佛菩薩卻給予我護佑加持，

他們爲我關門免於墮入惡道，

那我爲什麼要對他們生氣呢？

〔如我欲趣苦，然蒙佛加被，閉門不放行，云何反瞋彼？〕

一般來說，佛典中對於人類存在的理想狀態有清楚的描述，也就是使得人身閒暇圓滿的八福生處，包括擁有物質財富和世俗的功成名就等。這些被視爲有利條件；如果一個人能善加利用，會非常地有用處。它們不僅有助個人靈修，也會使人在從事利益眾生之事時更爲得力。然而，當一個人擁有財富、地位、教育等有利條件時，很重要的一點是，內心要有所警覺以抗拒各種誘惑，時時省察自己，不被這些優渥環境所玷污腐化，而且對人類之生存陷於輪迴泥淖中的痛苦本質，決不稍有或忘。當我們調整好人生態度後，才能利用各種有利條件，將其轉化爲靈修及發揚利益眾生慈悲心的助力。選擇中道以維持平衡，一向有其必要性。我們應避免採取任何極端手段，並能了然於胸，知道該如何在靈修路上以最正確迅速的方式精進。

如果一個人能夠明白其中道理，那麼他就能把那些阻礙我們獲致財富和成功的人，視爲自己的保護者而非敵人。因爲他們的作爲使我們免於在順境中因得意忘形而生起驕慢心，從而阻斷自己心靈開悟的道路。

所以，在這第一〇〇及一〇一頌裡，寂天提醒我們，切莫因外在境遇而忘懷自己的終極目標。我們修道的終極心願乃是爲離苦得樂，獲致眞自由和解脫，或所謂的涅槃境界。因此我們絕不能讓自己爲世俗名利所束縛。既然如此，我們怎麼把那些妨礙自己獲得物質享受者視爲敵人呢？事實上，他們才眞的是助我解脫名利束縛的恩人呀！寂天說，這些人的所作所爲就像佛陀的福佑，因爲他們藉由這些行爲，使我們免於墮入惡道的危險。所以我們不該瞋恨他們。

102

或謂若有人妨礙我修福德呢？
那麼連這種人也不應瞋恨他，
因爲既然修福德難莫過於安忍，
那我當然應該堅毅修習安忍心。

〔謂敵能障福；瞋敵亦非當。難行莫勝忍，云何不忍耶？〕

在第一〇二頌裡，寂天回應一般常見的情緒反應，即認爲若是有人妨礙我修行福德的話，那我就有道理生氣。但寂天回答說，因此而對敵人生瞋恨心，理由仍不充分，因爲一個人要累積福德的最好方式，就是實踐愛與慈悲。那才是眞正法的實踐。而欲圓滿修行愛及慈悲，修習安忍是不可或缺的要件。因此，堅忍心莫過於安忍；最偉大的修行莫過於安忍。我們非但不該因敵人的行爲而生氣，更要善用機會增進安忍心。

103

若是由於我自己的過失
而無法容忍敵人的傷害，
那麼是我自己妨礙自己
修習能獲致福德的安忍。

〔若我因己過　不堪忍敵害，豈非徒自障　習忍福德因？〕

這裡談到，如果是由於個人積習難改，以致無法容忍敵人傷害而錯失修安忍心的機會，那我自己是唯一該受責備的人，因爲我不能控制脾氣，而喪失了藉著修安忍來積福德的機會。如此說來，是我們自己毀壞了累積福德之因。

104

若缺乏敵人就無法修行，
而有敵人激勵才得以修習安忍，
那既然敵害是修安忍福德之因，
我怎能說敵人妨礙自己修行呢？

〔無害忍不生，怨敵生忍福。既為修福因，云何謂障福？〕

寂天在此頌中簡略界定何謂「因」。他說若缺乏某物，則事情就不致發生，它存在後才導致事件，那這便是事件或行爲的肇因。在修習安忍的情形中，若無敵人傷害性行爲的挑釁，安忍心便無從生起。所以，仇敵的行爲正是我們得到修習安忍心的機會中，一項不可或缺的因素。因此我們怎能反過來說仇敵妨礙了自己的修行呢？事實上，仇敵的存在正是吾人修習安忍心的必要條件。

105

當我們向他人布施之際，
乞丐並非我們修道上的障礙；

同理我們不能說授予我們出家戒者，
是我們成爲出家人的一項障礙。

〔應時來乞者，非行布施障；授戒諸方丈，亦非障出家。〕

寂天在這裡用亟需物質的乞丐當例子來說明。我們不能視乞丐爲我們修行布施的障礙，同理，我們又怎能聲稱授予我們出家戒的人，是阻礙我們出家的因素呢？

106

世上誠然有許多可供我布施的乞丐，
但是眞正會造成傷害者卻相當稀少。
因爲若我不主動結怨傷害別人，
那麼會來傷害我的人也就很少。

〔世間乞者衆，忍緣敵害稀。若不外施怨，必無為害者。〕

107

因此，敵人出現如同珍寶難得，

而我竟不費吹灰之力便能獲取，
我應該爲擁有仇敵而歡喜才對，
因爲他幫助我在菩提道上開悟。

〔故敵極難得，如寶現貧舍；能助菩提行，故當喜自敵。〕

在這兩首偈頌裡，寂天說道，世界上的確有許多可讓我們布施的乞丐。然而相形之下，能提供我們修行安忍的外緣和機會就顯得微乎其微。因爲一般而言，除非我們主動向仇敵挑釁，否則別人會主動來傷害的情況並不常見，這是一種互動關係。因此，若果眞碰上這樣被傷害的機會，我們實在應心懷感激才對。這猶如在自家中發現彌足珍貴的財寶，我們該爲敵人所賜予的難得機會而心存感謝。

108

由於敵人共同參與使我能修安忍，
因此安忍所得功德果實，
首先就當獻給仇敵才對，

因爲他才是導致我修安忍的外緣。

〔敵我共成忍，故此安忍果，首當奉獻彼；因敵是忍緣。〕

在此頌裡寂天指出，若我們果眞在修習安忍功夫上精進有成，那麼也該歸功於自己本身的努力以及仇敵所提供的機會。因此，我們應該認清這個事實，而將此安忍功德的果實首先敬獻給自己的敵人才對。

109

若謂仇敵既然無意助我修習安忍，
那麼我又何必要對敵人心懷感激？
如此我們又何需尊敬神聖正法呢？
它同樣缺乏意願助我們修安忍呀！

〔謂無助忍想，故敵非應供；則亦不應供，正法修善因。〕

寂天在這兒提到有人或許會認爲：「我何必尊敬仇敵，或是將一切歸功於他或她？這人內心原本就沒打算利益於我，助我修習安忍呀！」如果此說法成立，那我們也可以不尊敬三寶之中的法寶，因爲眞正法寶所談的是滅諦及道諦，那麼就此二聖諦而言，它們本無意助我們修善。但我們內心仍視此四聖諦爲值得尊崇頂禮的對象。因此這裡談的重點是成果如何，而對於意願等旁支因素就不太重視了。

110

若謂因仇敵意欲傷害我，
那我當然不應該供養他，
但若人們都像醫生只想對我好，
那我又怎麼能有機會修安忍呢？
〔謂敵思為害，故彼非應供；若如醫利我，云何修安忍？〕

111

既然安忍心的修鍊成功
需要依賴有強烈瞋恨心的人，
那此人便該受到如正法般的供養，

因爲他才是吾人修安忍的主因。

〔既依極瞋心，乃堪修堅忍；故敵是忍因，應供如正法。〕

在這兩首偈頌中，寂天提出一般人可能有的想法：「沒錯，雖然正法無意幫助我們，但我們仍供養之。但在敵人身上我們看到的卻是，他們非但無意助我，反而有意傷害我們。他們存心要傷害我們，因此絕對不値得我們供養或尊敬。」

而寂天對此的論點爲，事實上，正是由於仇敵心懷瞋恨、意欲傷我，才使得敵人的行爲這麼獨特珍貴。否則，若只是實際造成傷害的行爲就算是重要的話，那麼連醫生的行爲也能算在裡面了。因爲他們雖無意傷害我們，往往卻採取令人痛苦不堪的方式，有些或許還涉及到動手術事宜。但我們並不視之爲傷害或來自敵人的作爲，因爲我們明白醫生的本意乃是助人。因此，正是由於仇敵存心傷害，才使之彌足珍貴，因爲它給我們修習安忍的良機。

所以在第一一一頌裡，他論斷說，我們應如供養正法般供養自己仇敵，因爲他們才是促使吾人動心忍性、修行安忍的主因。

禪修

讓我們利用這堂禪修課來沉思拔苦予樂，或稱「施與受」的修行。首先，一方面觀想眾生亟需救助，處於不幸的受苦光景。然後觀想自己是個自我中心的人，對眾生疾苦及需求漠然無動於衷。之後跳離，做一名中立的觀察者，看自己的天性會傾向於哪一邊——究竟會對眾生疾苦產生同體大悲之心，抑或傾向自私自利的個人主義。觀想到這兒之後，再將全副心力放在需要救助的悲苦眾生身上，將自己所有的正面能量藉由念力直接導引給他們，包括你的成功、財富和正面的能量等等。然後將他們所受的苦痛、內心各種煩惱，以及所有負面力量，全部承擔下來。

例如，我們可以觀想眼前有個索馬利亞災區的飢童，然後再看自己對那景象會生出怎樣的回應。當我們對某人所受的苦難產生深切同理心時，並非基於因為「他是我親戚，她是我朋友」等等考量。你甚至全然不認識此人，只因他跟你一樣同為人類，你就自然產生感同身受的能力而想救助他人。因此你可以觀想這名孤苦無依的孩童完全沒有能力由眼前的慘況中自行脫困。然後，你用念力來承擔他所受的飢寒貧病的痛苦，以及身陷困境的感受。之後，用個人念力將自身所擁有的各種能力、財富及成功等，全都歸向這名孩童。把全副心神貫注在這份施和受的關係上，利用這方式來訓練自己的心念。當你觀想自己承攬這些苦難時，有個有用的方式是把諸多的痛苦和困難，觀想成有毒物質或危險武器——那些通常會令你觸目驚心之物。你也能將之觀想為自己不敢看的龐然怪物，再將這些觀想物直接吸納進自己心中。當這些觀想開始生效時，你會略感不適。這正表示此舉已達目的，亦即我們通常所抱持的那些自我中心、自以為是的態度受到了衝擊。但若你無法擺脫自我憎恨陰影或自尊心極低，那就要仔細評估此法門是否合宜。因為它可能並不適合你。

答客問

問：寂天在提到一個人決意要發展菩提心或行菩薩道時，彷彿這是全然出於理智的決定。那我們是在何處傾聽內在心靈的聲音呢？

答：佛教中論及智慧有三種類型，或說有三個不同層次的領悟。首先是在「聞」或學習的階段，亦即初次聽聞某些事物，生出某種程度的理解。第二是「思」的階段，在學習或聽聞道理之後，藉由不斷地探討和思考，使自己的理解變得愈加清明，在到達一定程度後，就會在內心產生某些體會和經驗。第三個階段稱之爲「修所成慧」，就是說一個人不僅在智性上了解那些道理，同時也藉由禪修經驗而能夠體會佛法。因此，隨著經驗的不同，獲取的知識也有層次之別。

在初始「聞」的階段，你還能看出心智和知識對象之間的區別或鴻溝，但到了禪修的階段時，這兩者間已無差距存在。它是種體悟式（experiential）的知識。或許有極少數的人情況特殊，毋需經歷這聞、思、修的過程，但一般而言，許多法門的修行，絕非憑空可得，我們必須付出相當心力來經歷修道的各個階段。此外，在經歷聞、思、修的領悟過程時，我們會對佛理更加深刻體悟且了然於心，並且也會更具有自發性和直觀性。

這個悟道過程跟我們受幻識或煩惱所惑的情況類似。雖然一般來說，煩惱都是針對某個特定對象自然生起的負面情緒——例如對某人生起瞋恨心，若我們不予重視，那它就不太可能發展到嚴重的程度。但若我們一再思及發生在自己身上諸多不義之事，以及如何受到不公平對待時，就會不斷餵養瞋心，使其愈加強烈壯大。同理，當你受特定對象吸引，念念不忘他或她那傾國傾城之姿，以及你在此人身上所投射的虛幻特質，此時執著心也變得愈加強烈。這是另一種經由不斷熟悉和念茲在茲，而使得煩惱愈加熾盛的例子。

先前我曾指出，在修道初期階段，我們可藉由學習或聽聞而得到某些智慧或了悟，這其中還包括閱讀在內。然後再經過沉潛思考及分析主旨，而達到開悟曙光初露的地步。在藏文這稱做「nyam ogtu chupa」（nyams' ogtu chud pa），表示你自覺已掌握到要旨。至此心中產生一份熟悉和堅定感，不再感到這是陌生的主題。當你循此熟悉的思考過程再探尋到達某種境界時，就會自然發展出一種體悟性的知識。若以專業語彙稱之，則為「依賴修行得來的知識」。這種經驗需要有意識的努力和付出。但當你再深入探索這真理時，就會漸漸進入某種渾然天成的境界，一切猶如自己的第二天性般自然。這時候的你，就毋需再重新經歷繁瑣的聞、思、修過程或是刻意追尋它。就拿慈悲心的生起爲例，以前你或許必須經由思考、禪修等過程才得以產生慈悲心，而此刻只要眼見有某個人在受苦，就會讓你不需思索立即進入眞誠慈悲的境界。這個境界又叫做「自由自在的經驗」。

所以由過程觀之，每個階段之間似乎有種次第。我們不應認爲這種自發性體驗完全朝某個方向發展，而智性的領悟則朝全然不同的方向前進，彷彿它們之間是完全分離或不相干的。這是種誤解。事實上，凡是經由聞、思、修歷程所得來的了悟或體驗，它們一旦爲你所獲，就會非常穩定久遠。相較之下，你或許曾在某些情形裡，當下就有過非常猛烈及震懾人心的體悟經驗。但若是這體驗缺乏智性基礎做後盾，那它也不會穩固。在若干時日之後，當這份經驗漸次褪淡，你就會回復到往昔尋常平凡的自我，而不再感受那體悟帶來的衝擊力。所以這種經驗本身是不可靠的。

我認爲所謂的經驗，可能又分成好幾個層次。但根據我個人的修道經驗而言，就以菩提心爲例，有時候這些字眼就只是尋常文字罷了。我當然明白它的字義，但它對我的情感卻起不了多大作用。至於「空性」，情況也相當類似。當然我能夠解釋有關「空性」的一些意義，但內心卻沒有太強烈的情感認同。然後我一年又一年反覆思索這些詞語的意義，到了最後，當我思及菩提心或空性時，它們就不再是尋常字眼，而是另有深意。

問：我身為一位需養育幼兒及照顧家庭的母親，每日生活中甚少有閒暇。而我所處的社會環境氛圍也相當邊陲，並不支持修行佛法，但也不會對之懷有敵意。我置身目前處境，對於採取佛法修行所能到達的境界感到有些震懾，但我希望生命能有積極轉變，而且能在開發定力、菩提心和智慧的修行路上精進不懈。請問尊者對於我這樣的初行者有何忠告？

答：以我個人爲例，若是眞要抱怨的話，那我修行的時間永遠都嫌不夠。我的生活十分忙碌。但如果勉力爲之，總會找得出一些餘暇，像是清晨時分或者週末。你也可以犧牲一些個人娛樂時間。所以如果你夠勤奮的話，大概就能每天早晚各擠出約三十分鐘的時間。想出方法找點時間或許是能辦到的事。然而我認爲首要之務，還是要對最基本的菩薩道有全盤而廣泛的了解。

如果我們認眞思考，並對佛法修行的意義有眞切了解，那我們就應該從心智層面，例如心理及情緒層次上的運作，來了解何謂佛法。我們不要把對佛法的領悟，局限在機械式持咒或誦經等身體或口頭活動上。若你對佛法的認知僅止於此，那你當然會需要某些特定時間來從事修行，因為你無法一面操持日常家務，一面持咒。這麼做會使周遭的人反感。但若你了解佛法真義，就會明白它和人的心智及情感狀態是否健康平衡有關。所以，一天二十四小時之中，你無論任何時刻都能安住於修行中。

例如，如果你發覺自己正處在可能會激怒他人的狀況中，那你要立即有所警覺，克制自己做這種事。同理，若是你遇到一種狀況是自己情緒快要失控了，那就必須馬上導入正念並提醒自己說：「不行，這麼做是不對的。」而這其實就是佛法修行的一種。以這個角度來看待修行，你會發覺時間俯拾可得。

同樣的，如果你正在觀想現象短暫、瞬息萬變的本質，那麼周遭會有許多例子提醒你這個事實。然而，重要的是要先去學習，因為缺乏知識很難修行。

問：當你喜歡的人正以瞋怨的態度論斷第三者時，你會怎麼對他說？你一方面希望表達自己對他所受遭遇的理解同情；但另一方面，你又不願火上加油使他的瞋心愈加熾旺。這時候我們可以說些什麼呢？

答：在此我想告訴各位一個故事。有位身懷重任的噶當派大師名叫甘波瓦。某天他向另一位噶當派大師仲敦巴抱怨說，他忙得連禪修或修行佛法的時間都沒有。仲敦巴聽了之後就附和說：「是呀，沒錯！我也是忙得一點時間都沒有。」與對方建立了親密感之後，仲敦巴就很有技巧地說道：「但是你也知道，我的一切作為均是為佛法而服侍，因此我感到心滿意足。」同理，如果你發現自己喜歡的人正憤怒地數落他人，或許可以先表示贊同及同情，等到對方信任你之後，再適時說出自己的看法。

問：值此以色列和巴勒斯坦雙方簽署和平協議的歷史性日子，是否能請您對這劃時代事件發表評論，或許您還能在推動這項艱巨任務起步之際，為中東和平能夠永遠持續下去而予以祝福？

答：正如我在今早討論時說過的，這個事件是值得大書特書之事。或許你會有興趣知道，我各寫了一封信給以國首相拉賓（Rabin）和巴解組織領袖阿拉法特（Arafat）。

問：請更詳細解釋何謂「善巧方便」。

答：這個問題回答起來很困難。修行的方法分成許多不同等級。以智慧因素來理解某些意涵，相較之下是容易得多。但要了解方便善巧就困難得多了，因為它的種類繁雜無比。

一般來說，我們可以將善巧方便或修道上的方法面向，視為主要和眞相的世俗面有關的法門、禪修或修道的面相。我們有世俗諦及勝義諦，亦即「表相」與「空性」。而那些主要與勝義諦本質「空性」有關的技巧和禪修法門，可稱為正道的智慧面向；至於屬表相範疇，即世俗諦層面之物，就概括界定為方便善巧或方法面向。

一般而言，我們也發現方便善巧的許多面向，像是愛和慈悲心等等，這些面向並非思考或推演過程，因為其中有相當大的部分牽涉到心理的情感或情緒面。而智慧的面向中又包含較多與領悟或理解有關的認知成分。但若要詳加解釋什麼是善巧方便，則是非常困難的事。

問：菩薩戒中說，要原諒肯道歉的人。那麼，對於不肯道歉的人，又該持何種態度？若受他人誤解，是否必須要求人家道歉來討公道？

答：菩薩之所以傾向接受他人的道歉，是因為若別人已道歉而你不接受，那樣就會傷到人家。那個人會以為：「喔，他不願意原諒我。」所以這麼做是為了保護對方，不讓他受到傷害。若有人誤會你卻又不肯道歉，那去要求他道歉就沒什麼意義了。這樣做等於是在求人家向你道歉，事實上這反而會使對方覺得更加不自在。

問：我個人不太能相信輪迴轉世。我該採何種策略來使自己相信這理論？

答：這種困擾其實是相當可以理解的，即使是對輪迴或投胎轉世有極強烈信仰的西藏人亦然。若仔細、誠實地審視我們的信仰內涵，那麼它有時就會變得有爭議性，因爲輪迴轉世的信仰並非如我們四周清晰可見的事物般，那麼具體可證，這類事情是很難有什麼具體信仰可言。

但即便是那些對輪迴抱持極端懷疑態度，或表面上否認其存在眞實性的人，如果你問他們所持的反對理由是什麼，他們只會說：「反正我就是不相信這套理論。」

一般來說，哲學系統分成兩個主要範疇，其中一邊是深信輪迴轉世之說的，而另一邊則是不信輪迴、否認其存在的人。但實際上你若審視這現象，會發現其中緣由並非因爲第二種人發現了與輪迴對反之物，而是他們無法找到任何證據來證實輪迴的存在。所以，我們要能區辨「尚未找到某物存在的證據」以及「發現能夠反證其不存在的證據」之間的差別，這點是很重要的。因爲這是不同的兩件事。

在此我們有必要了解該如何利用證據，不論是爲了證明某物存在或反之亦然。我們也須明白某一類的演繹或論辯方式的範疇是什麼。例如，有某些類型的推理認爲，如果某種現象果眞存在的話，那我們就應能藉由某種特定分析方式證明。若此現象歸屬於此範疇，那它必然可被分析。而若是你無法發現其蹤影，便可證明這個現象根本不存在。但這世間有些現象的範疇可能並不歸屬於這類推理的模式。

至於輪迴的問題，必須在意識之流的基礎上來理解。你既不能由自己肉身續存不朽的基礎上來說明輪迴，遑論能夠明白人死後意識會發生什麼樣的變化了。即使你活著時，都極難辨識到底意識的本質以及它和身體間的關係是什麼；是否有某種非物質性的獨立玩意兒，名爲「意識」；以及意識是否只是一種幻識等等。在現代科學信徒的眼中，這是塊極具爭議性的模糊地帶，這裡面不會有清晰簡明的答案。

然而另一方面，時至今日，我們仍能發現有些特殊之士，他們對於前世還是記憶猶新，一切經驗歷歷在目。而我們也發覺有些人能藉由禪修之助，獲得某些極爲神祕的經驗。

7

敬重有情衆生

龍樹向釋迦牟尼佛致敬，頌讚佛陀爲提出空性哲學的老師；「空性」意爲世間萬物皆不具本然的存在或自性，而雖然它們不具自性及眞實存在，卻仍能行使其功能生出各種效應等。我們可以藉由明白實相的緣起本質來了悟這層道理。龍樹向釋迦牟尼佛致敬，因爲他藉著教導眾生現象緣起之本質，而提出實相內在的空義觀。

一般來說，我們在中觀經典中可以發現各種形式的析理方式，其目的在於證明現象缺乏本然的存在與自性。這包括試圖分析事物的表相以及概念是如何緣起的；通過對本質的分析，我們得出結論，事物缺乏內在的實相。此外，我們還發現被稱爲「考察本質與現象差異」的論證方式。我們也發現了其他的論證或析理方式，這些方式從因果觀點來考察現象，亦即，從產生效應的能力這個角度來觀察現象等等。

然而，在所有這些析理方式中，力量最強大的便是緣起觀，而這教義正是由龍樹所特別倡導。當某個事物藉由緣起本質生起，而不具內在實相或存在性時，我們並不因此就否認現象本身之存在；而是企圖藉由它們與現象之間的關係來了解其存在和本質。就某種意義而言，我們可以說存在與本質是從和其他現象的關係中而生。

這個緣起論的析理形式之所以如此獨特，是因爲它能夠獲致「中道」的結論。這使它能不受極端主義的立場所左右。我們一方面雖強調不依附於內在實相，但同時又能免於和極端虛無主義有任何瓜葛。這是因爲緣起觀並不否認現象本身的存在性。我們接受世間有一種依存的生存形式，而它本身要藉由與其他現象的互動和緣起關係才能被理解。

所以，在《入中論》裡，月稱說，一旦了解到，現象本身存在和自性的發生，是奠基於了解到實相的緣起本質，以及自性和存在是如何經由這種相互關係而生起時，那麼我們才能明白佛教中最基本的因果論；也就是說我們對實相本質的體悟，乃來自於接受條件論的看法。這樣一來，我們就能辯駁有關非緣起或非因果論的看法，因爲凡事物之生起乃是源於各種條件和因緣的互動。而藉著對此實相緣起本質的了解，也讓我們得以駁斥世上是被某種絕對、獨立的生命所創造的觀念，因爲吾人對因果論的了解乃是在純粹條件論的前提之下。同理，接受緣起論，我們就能駁斥這種看法：事物可依賴跟自己等同或完全獨立於自身之外的因素而存在。我們可以完全不受這些極端論調的約束，而能如實接受因果論本身最根本的概念。

但當我們試著去了解何謂純粹條件論，或是事物如何完全依賴其他因果條件的存在而發生時，這其中會有許多爭議性必須謹記在心。

就以我們本具的五蘊（skandhas）❶為例。我們若仔細審視最精微的心識之流，即所謂的心識，或被稱為「我」和「自我」之物，人的自我認同即奠基於此最精微的心識，也就是一般所謂的「我」；不論人類、任何族裔的人或任何事物皆然——它們全都是籠統的說法。而那些由最精微的心識之流中生起，所謂的「自我感」或是「我」，它們就精微識流的角度來看都是無始的。因此，我們所認定的「我」或「自我」的這輩子，就不能指它是特定的哪一輩子。我們不能斷言它必是人類或是動物，但我們能夠說它是個生物。

由自我的心識之流而言，我們能說自我與自我感的基礎，就是在前一剎那所生起的精微心識之後，每個剎那彼此間相續不斷而成的心法，它是一個接連的過程。但我們卻不能說這心識本身是因果業力的產物，因為就心識的連續過程而言，業力在這之中並不起任何作用。這個心識之流本身的連續不斷，是個單純的事實。

但若由更粗糙的層面來看，比方說人類生存的層次上，我們就擁有具體的人身以及人類的身分，於是乎便順理成章地說：「我是個人類。」而在這個層面上所生起的自我，以及那份認同所由奠基的心識，它們就可說是業力的產物。這是因為當我們說到「人身」或「人類的存在」時，談的是由善業所得出的結果，也就是在過去世中我們因著各種善行的累積，才有今日這難得的暇滿人身。所以在這兒，業力就扮演了相當的角色。

再以人身爲例。一般而言，我們雖可以說它是善業所結之果，但若追溯我們身體物質起源的基礎實因，那我們就可藉由因果律而回溯到自己父母精卵交合繁衍的剎那，甚至還能再向前推溯得更遠。就以地球這個特殊的宇宙系統爲例，它的物質起源就能夠推溯至一個完全空無的虛無空間。依據佛教宇宙論的看法，在某個星雲系統進化之前，所有的物質都是蘊含在稱之爲「空間粒子」（space particles）的東西裡面。所以就物質的流續過程而言，它本身是個自然事實，是自然律則，是藉著因果律而推動物質接續其流的過程。同樣地，業力在此也不產生作用。

現在產生一個問題是，業力的作用到底是在這整個物質化過程進行至什麼階段才開始有影響力？到達空無的階段時，空間粒子就會接續其物質續流，而生起許多不同組合的粒子結構；而根據科學理論，這便會產生分子結構。之後此結構變得愈加複雜，當它變化到某個程度後，整個物質粒子的組合就會造出各式各樣不同的個體出來，他們便散居在世界各地。換言之，此物質就與人類痛苦或喜樂經驗直接發生關連。我個人的看法是，業力對人類的影響就是在此時

❶即色、受、想、行、識。

開始產生作用。這些是頗具爭議性的問題，盼望各位能細思之。

也正由於此複雜性，我們發現在佛教典籍中有各種不同的析義方式，以及四種內蘊於自然界的主要法則。其中前三項法則爲自然律法則、緣起法則及作用法則。奠基於此三原則後，我們才得以運用邏輯或推理能力，這就是邏輯證明法則。除非先能運用某些基礎，否則我們無法獲得推理或邏輯能力。

因此我們便能說，人們之所以能理解化學律則的理由是，世界上有某些律則被稱之爲「緣起法則」或是「作用法則」。當物質間產生互動時，便產生突現性質（emergent properties）。這使得我們能夠藉由觀察互動而明白它們所行使的功能，並因此而了解化學律則。

我們或許會問道：「在現有的自然界裡面，爲什麼會有物質界和心理界（即精神界或意識界）之分？」對此我們並沒有合理的解答，只能說它是個既有事實。

而在這些哲學思維的辯證中，我們獲致的結論是，事物本身並不具有眞實的存在性或身分。它們只是藉著跟其他因素、緣起和條件產生互動，才衍生出其存在性及身分。因此，若一個人認爲事物本身是一種眞實的存在，並且具備眞實的身分和地位的話，那他便是處於無明的昏昧狀態。因爲那是種誤見。因此，若能對現象界的空性本質產生直觀，那我們就能立刻看穿此謬見的虛妄，因爲這份直觀的洞見與此謬見完全相反。其結果也就能消除這個扭曲的心識了。我們也相信在此基礎上，不僅是無明，就連植基於此無明所衍化出的虛幻妄識，也終究會消失無蹤。

彌勒在《寶性論》中對此有更深入精闢的探討。他提出三項理由來做爲證明眾生本具佛性的基礎。他首先說，佛陀解脫眾生的行爲在眾生的內心中散發出光芒。對這句話的理解可以有兩層意思：其一是理解爲，每個生物身上都有善行的種子，而我們能將此善種視爲完全開悟的慈悲佛陀之作爲。但我們還可以從更深刻的意涵上來理解這句話的意義，那就是眾生皆具備成佛的潛質。因此，所有生物皆內蘊某種完美生命而散發著光芒。所以我們有這兩種理解方式。第二個理由是，就實相的勝義諦而言，輪迴狀態和涅槃狀態是全然平等。第三，我們全都具備一種心智，這個心智缺乏實相及獨立的存在，這使得人類能移除各種蔽障心智的負面習性和妄識。基於這三項理由，彌勒於是論斷，眾生皆具佛性。

但爲了讓我們內具的成佛善種能發芽茁壯，就必須培養個人的慈悲心。藉由培養這份遍存的慈悲，才能啓發善種，使每個人都能走向大乘菩薩道。要做到這點，修習耐心和容忍的功夫至關緊要。所以讓我們再回到安忍這個議題上。

112

因此偉大的佛陀曾說過：
眾生與佛陀二福田並無差別，
因為許多取悅佛陀及眾生的人
都已經到達成佛的涅槃彼岸。
〔本師牟尼說：生佛勝福田。常敬生佛者，圓滿達彼岸。〕

正因世間有眾生存在，無論其為敵人或是造成傷害和痛苦的人，他們都是賜我們機會修鍊安忍心並且積聚大福德之人。因此，佛陀所言的「眾生與佛陀二福田」，就是所謂的積聚福德之田。這個「田地」的意思，是指其乃吾人累積福慧的泉源和根據。

113

成佛之道所需具備的質素，
由佛陀和眾生處得來同等重要。
所以我對眾有情的尊敬，
如何能和敬重諸佛有所不同呢？

〔成佛所依緣，有情等諸佛。敬佛不敬衆，豈有此言教？〕

在第一一二頌裡寂天說，凡是能使眾生快樂的人都能成佛、達致完美。既然如此，我們即明白，諸佛及眾生，在做爲導致吾人成佛的因素或條件方面，是平等無別的。

那爲何我們對此二者會生起分別心，只尊敬開悟的諸佛，而不敬重有情眾生？爲何我們不願尊敬諸有情，承認他們也是使人成佛的助緣和因素呢？

事實上，如果我們仔細省思這其中的道理，會發現，較之與佛陀的關係，我們更能在跟眾生互助中累積福德善業。我們雖能藉著尊敬、供養佛陀所生出的敬愛和信心等而積聚福德；然而，有許多能生出大功德的修行，只能在與人的互動中產生。同樣，若我們希望自己以後輪迴投胎能出生於善道，情況亦然。想要投胎於善道，就必須立志修行，過著謹守道德戒律的精進生活。而且要能時時節制自己，謹防在身、語、意這三方面發生任何造業的惡行，諸如犯下殺生、邪淫、偷盜或撒謊等罪業。而所有這些行爲，都必須仰仗與他人之間的互動才得以完成，我們無法獨自於虛幻中完成修行造福的善業。

此外，當我們如願獲得寶貴勝妙的人身後，還有許多令人稱羨的資質，像是擁有姣好的外貌或家財萬貫等，這些全都是過去諸種善業累積所形成的結果。例如，美麗的容貌即是耐心和容忍所得到的結果，而富裕則是由於為人慷慨所致。而要實踐安忍心或布施等善行，有情眾生的存在乃不可或缺的條件。這些修行不可能無中生有。

小從尋求個人出生於善道，大至尋求完全解脫而不再於生死輪迴中流轉尤然。為求超脫輪迴，我們還需在許多方面精進。例如，為了要得到完全開悟，我們就需要實踐愛、慈悲，以及菩薩道上許多其他的特質。而除了所有這些條件之外，我們和其他眾生之間的互動更是必備條件，若是缺乏這種互動，修行就無從開始。

所以，若我們衡量諸佛和眾生，究竟何者在增進個人福德方面貢獻較大，就會發現有情眾生對我們所做的貢獻，似乎來得更大。

現在，我們就以生起對空性本質的直觀為例。那份澈悟的智慧非常有力量，是我們這些修行人都必須全力以求的。但若這份直觀並未輔以菩提心這個心法，那麼無論了悟空性本身的智慧是多麼強大，但它卻絕對無法達到一個境界，而能成為消除悟道蔽障的解藥。

就算是要享受我之前所說的那種世俗的歡悅快樂生活，也得有某些輔助因素才行，像是擁有良好的健康。而要得到強健的體魄，眾生更是扮演了極吃重的角色，因為健康是要一個人積聚相當福德後才得以擁有的。如果我們再仔細省察自己享受愉悅生活所使用的各種感官能力，會發現幾乎每一種感官對象的來源都是由其他人而來。如果再細思，就會明白這些能力之所以得以成形，正是眾人共同努力的成果，無論是直接或間接的助力，這一切都因許多人的參與才可能發生。

同理，我們要享有美好生活，就需要有好的同伴和朋友。當談及友伴時，我們所說的正是與其他人的互動。雖然與朋友間的關係會時有起伏，例如出現爭吵謾罵等情況，但儘管如此，我們還是必須維持與他人間的友誼，過著跟別人有足夠互動的生活，好讓自己活得更加快樂。所以我們看見快樂的三要素——健康、財富及友誼，全都與其他人的努力和合作密不可分。

如果循此論點思考下去，我們便發現不僅是在凡夫狀態，即使是在修道或已證得菩提果位時，已開悟的諸佛菩薩雖然極爲珍貴、殊勝、證量極高，但若考量他們對我們幸福的貢獻和恩澤，那麼似乎是眾生扮演了更吃重的角色。因此我們對凡夫有情應比對諸佛菩薩心存更多的感激。

從另一個觀點來看，我們可以了解那些完全開悟的諸佛已完全獲致自我了悟的境界。所以，講得更明白一點就是，他們除了爲眾生服務之外，實無他事可做。就某方面而言，服務眾有情正是他們的職責。這情況其實並沒有什麼好稱羨或驚訝的：諸佛菩薩是爲眾生而工作。然而，當我們思及眾生時，便浮起他們各種缺點，諸如軟弱、謬誤、心智虛幻、煩惱無明等等。但儘管有這些局限，眾生對我們積聚福德方面的貢獻仍不可低估。因此，我們更應對其心懷感激。

有人在聽了這些道理後可能會問：「到底是諸佛還是眾生，對我們更仁慈呢？」而當我們審慎思量，就會明白，《入菩薩行》裡對這個問題所做的回應，事實上並不誇張。

因此所謂的諸佛與眾生皆平等是什麼意思呢？寂天在此所說的平等，並非指其在開悟程度上的平等，而是說無論諸佛或眾生，在幫助我們努力積聚福德以及獲得開悟方面，都一樣是不可或缺的。從這個角度而言，諸佛與眾生都是平等的。

114

諸佛與眾生的資質當然不相同，
但在產生積福效果上則無二致；
他們在這方面都具有卓越資質，
因此才說諸佛予眾生是相等的。

〔非說智德等，由用故云等；有情助成佛，故說生佛等。〕

115

無論以慈愛心供養他人福德爲何，
一切均歸因於眾生爲尊貴的緣故。
同理我們虔信佛陀所得廣大福德，
也是由於佛陀本身極尊貴的緣故。
〔應供慈心者，因彼珍貴故；敬佛福德廣，亦因佛尊貴。〕

116

因此人謂諸佛與眾生平等，
乃因眾生能助修成佛之故。
但是眾生在德慧資質方面，
絕比不上諸佛無邊功德海。
〔助修成佛故，應許生佛等。然生非等佛　無邊功德海。〕

117

佛陀才是完備功德齊聚一身者，
而對於雖只具少數殊勝德慧者，

118

就算以三界所有寶物來做供養，
向其致上崇高敬意則仍嫌不足。
〔唯佛功德齊；於具少分者，雖供三界物，猶嫌不得足。〕

而既然眾生都做出貢獻，
引導他人生出至高佛法，
僅憑此方面之功德相符，
禮敬眾生就是正確之事。
〔有情具功德：能生勝佛法；唯因此德符，即應供有情。〕

在這些偈頌裡，寂天指出，若我們認爲菩提心和善心是值得尊敬的對象，那麼眾生也同樣值得我們禮敬，因爲菩提心和善心的偉大正是來自於眾生的偉大。若我們認爲，因著對佛陀堅貞信仰所生的福德是件美好的事，那也歸因於佛陀是偉大的。因此說諸佛與眾生是平等的。事實上，即使向諸佛菩薩獻上三界中所有財富資具等供養，也無法償還或回報眾生所做的貢獻。

於是寂天的結論是，至少從他們使我們蒙受恩澤的角度而言，都有足夠理由讓我們對眾生帶著禮敬和尊崇之意。

119

此外，我們還能如何回報（佛陀），
那個利益無邊眾生之人，
以及造福世界無有驕矜之人？
除了令諸有情歡喜之外？

〔無偽眾生親——諸佛唯利生。除令有情喜，何足報佛恩？〕

120

所以既然利益眾生能夠報答諸佛
為芸芸眾生捨身入無間地獄宏恩，
那麼即使我無緣無故受到傷害，
仍應心存善念奉行諸善才是。

〔利生方足報　捨身入獄佛，故我雖受害，亦當行眾善。〕

121

當諸佛我主爲求眾生安樂
尚且不顧自身安危利益，
我這愚癡者爲何如此驕慢
不肯如僕人般服侍眾生？

〔諸佛為有情，尚且不惜身。愚癡驕慢我，何不侍眾生？〕

122

諸佛因眾生幸福安樂而喜悅，
諸佛亦因眾生受傷害而憂傷。
故取悅眾生就是讓諸佛快樂，
而傷害諸有情亦即傷害諸佛。

〔衆樂佛歡喜，衆苦佛傷悲；悅衆佛愉悅，犯衆亦傷佛。〕

在以上四首偈頌中，寂天析論道，若我們眞有誠意想報答諸佛宏恩並禮敬他們，那麼取悅眾生便是最好的方法。事實上，對完全開悟的諸佛菩薩而言，最企盼的莫過於諸有情的幸福及利益。他們關切眾生的心情，深切到只要有人爲眾生服侍，便自然生起歡喜心；而若是眾生被傷害，諸佛亦隨之憂傷難過。因此，若是眞心想藉由善行來取悅諸佛，那上上之策莫如禮敬並體會他人的慈悲。寂天以下面幾首偈頌來做總結：

123

好比我全身遭烈焰吻噬而痛苦，
雖有諸妙欲樂也無法令心喜悅，
同理，當眾生陷於無明苦海中，
同體大悲的諸佛也絕不會快樂。

〔遍身著火者，與欲樂不生；若傷諸有情，云何悅諸佛？〕

接下來的三首偈頌又說道：

124

因爲我過去曾經傷害過眾生，
而今我願誠心懺悔以往諸罪，

這些罪行曾令諸佛難過不悅，
佛呀！請憐憫寬恕我的罪行。
〔因昔害眾生，令佛傷心懷；眾罪我今悔，祈佛盡寬恕！〕

125

從今以後爲了令如來心生歡喜，
我要服務世人並停止傷害行爲，
雖然許多人可能羞辱或糟蹋我，
我寧死也不報復以令佛歡喜。
〔為令如來喜，止害利世間；任他踐吾頂，寧死悅世主。〕

126

那些深悟同體大悲的諸佛，
無疑已將眾有情當做自己。
而見到眾生本性就是見到諸佛；
那我又爲何不敬重有情眾生呢？
〔大悲諸佛尊，視眾猶如己；生佛既同體，何不敬眾生？〕

然後他下結論說：

127

取悅眾生可令諸佛如來歡喜，
又能圓滿達到成就自我目的，
而且還為世間消除煩惱痛苦。
因此，我要永遠修習安忍心。

〔悅眾令佛喜，能成自利益，能除世間苦，故應常安忍。〕

這些修行和省思懺悔，也能夠應用在接受創世以及造物主概念的人身上，只要用上帝來替換諸佛或完全證悟者。這是因為若一個人誠心要過著符合上帝旨意的生活，若這麼做既能取悅上帝又持守了愛上帝的原則，那麼真正可以顯示這份對上帝之愛的方式，即是我們如何以愛心對待其他人，至少是對自己的同胞充滿愛。因此，一個人真正敬愛上帝的理念，就必須顯明在自己對待同胞的行為上。

在基督教的理解架構裡，人和上帝的關係是在此生之內發生的，他們教義中並沒有前世的概念，而是相信個人生命由上帝所創造。結果，人和上帝之間的距離縮短了，彼此產生一種親密的關係；這當中有一種親近感。當我們把這些觀想的修行法門用於基督教的理念架構中，必然會產生某種強大的效果，足以影響個人行爲及生活方式。

我將餘下的幾首偈頌念給各位聽：

128

譬如國王擁有的人馬
對許多人造成了傷害，
有遠見者即使有能力
也不會採取報復手段。

〔譬如大王臣　雖傷衆多人，謀深慮遠者，力堪不報復。〕

129

他們明白那些人馬非勢單力薄，
而是擁有國王強大武力當靠山。
同理，我也不應太過輕蔑敵力，

130

向對我造成些微傷害的人尋仇。

〔因敵力非單，王勢即彼援。故敵力雖弱，不應輕忽彼。〕

因爲即令仇敵也受地獄使者

以及慈悲爲懷的諸佛所支援。

所以猶如臣民侍奉暴君一般，

我應隨順有情眾生令其歡喜。

〔悲佛與獄卒，吾敵眾依怙，故如民侍君，普令有情喜。〕

131

就算眞有君王暴怒凶殘，

也無法引我至地獄受苦，

而那卻是我激怒眾生後，

將在其中體驗苦果之處。

〔暴君縱生瞋，不能令墮獄；然犯諸有情，定遭地獄害。〕

132

即便有位仁慈的君王，
他也不可能賜我佛果，
而那是我取悅有情眾生，
就能得到的大圓滿果報。
〔如是王雖喜，不能令成佛；然悅諸衆生，終成無上覺。〕

133

爲何我還不能看清，
我未來能證得佛果，
以及今世得享榮耀讚譽和幸福，
全都來自取悅眾生所得的果報？
〔云何猶不見　取悅有情果：來生成正覺，今世享榮耀。〕

而最後一首偈頌是這麼說的：

134

流轉於輪迴中修習安忍心，
使我得到美貌健康及讚譽，
並因此享有更長久的壽命，
贏得轉輪聖王的無窮快樂。
〔生生修忍得：貌美無病障、譽雅命久長、樂等轉輪王。〕

《入菩薩行》的第六章〈安忍品〉至此結束。

禪修

讓我們禪修無思慮（thoughtlessness）——這並非一種心智遲鈍或「空白」狀態。相反地，各位需要在一開始就全神貫注，下決心讓自己進入一種無思慮狀態。一般來說，人心易於放逸，常受外界事物影響。我們先有感官經驗，爾後心神才會貫注其上，注意力就一直維持在一種知覺或理性認知層面。所以，請將各位的心念向內收攝，不要放任心思隨知覺對象到處逸遊。但同時要注意，切莫過分往內收攝到讓心智處於某種昏沌狀態，而是應保持住非常警醒和專心。然後，請試著觀照這種自己意識所處的自然清明狀態，讓它不受過去所曾發生的事件、思維、記憶等等所煩惱；也不使你未來種種的人生計畫、期盼、恐懼或者希望，干擾這個意識清明澄靜的覺察狀態。試著讓意識一直保持在此自然狀態中。

這情況有點像一條湍急的瀑流，你無法很清楚看見河底的石床。如果你能運用某種方法使這條急速流動的河流於瞬間靜止，不再由其源頭所流之處奔往原先急馳而去的方向，那麼你就能使湍流維持靜止狀態，一眼照見河底清澈的岩床。

同理，心識在剎那和剎那間遷流不息，如果你能夠阻止自己心念為感官所役使、不斷競逐各種知覺對象，而且能讓自己心智不再處於全然地「昏昧無明」狀態，那你就可以開始見到如瀑流般的心識過程中，實則內蘊著一種靜止和澄明的心境。各位應該嘗試做這樣的觀想，雖然在剛開始的時候會非常困難。尤其是當外在環境中並沒有什麼特定觀想對象可以讓我們把心神貫注其中，我們極可能會在修習時就打起瞌睡了。

當你在初始階段開始體驗到意識自然狀態，它可能會處於某種虛空、出離或空無形態。這是因為我們已習慣於用外在感官對象來理解自己的心念，我們是以自己的理念及各種意象來看待外在世界。所以當你一旦開始向內收攝這些感官知覺，一時間會幾乎無法辨識出自己的心念，於是便產生某種出離或虛空。然而，一旦習於這種狀態，你便能在這一片虛空混沌之下，看出有某種澄澈和心靈明覺的狀態。

然而，不可將此刻的澄明心境，與證悟空性或觀修空性相混淆。也千萬不要誤以為，這樣就已進入一種非常高深的禪修經驗了。這個禪修境界對佛教徒或非佛教徒而言都是相當普通的經驗，尤其是對入定極深的禪修者而言更是如此。而這種觀修法稱為「無相的心念狀態」，那是種如虛空般無所限制的無限意識。意識有各種不同層面，其中一種是心力專一而且凝止，在此凝止和靜止之中，正是力量最強大時。但這境界仍不屬極深入的禪修狀態。不過，的確有許多高深的禪修經驗是以此種心靈凝止狀態為基礎而發展出來的。

我們先從簡單的數息訓練開始禪修。將注意力放在左右兩邊的鼻孔，反覆做三次呼吸，完全把注意力放在呼吸上。只要單純地注意著吸氣、吐氣，然後再吸氣、吐氣，如此共反覆三回。之後就開始進入禪修。

〔答客問〕

問：尊者您以及其他靈性導師們，都告誡我們要為他人在世俗所獲得的成功、幸福和財富資具等真誠地生歡喜心，就如寂天在〈安忍品〉以及尊者在《喜悅之道》（*The Path to Bliss*）中所討論的。然而若是我們確信某人是以不正當或欺詐手段來獲取財富，像是撒謊、偷盜、欺

騙或傷害等不法手段，那我們如何能為他們的作為體驗到或表達出歡欣之情呢？

答：你的看法相當正確。我們對他人以不法手段（如偷盜、謊騙）獲取營生的那種虛浮式成功所應抱持的態度，確實應與眞正努力成功後得到幸福有所差別。但你必須記住的是，如果你仔細省視這其中的差異，就會發現有人雖可能以不法手段獲取眼前的喜悅和幸福，但那只是眼前環境下所成就的條件；而這份幸福出現的眞正肇因，乃是源於此人在過去世所積的福德。因此我們必須分辨眼前客觀環境這個近因，和業力法則運作這個遠因之間的不同。

業力法則的特性之一，就是在因與果之間有一種絕對的、絲毫不差的關係存在。也就是說，任何負面或不正當的行爲，絕不可能產生喜悅和幸福的結果。就其意義而言，喜悅與幸福是由善業累積所得到的成果。所以從這個角度來看，我們就可能不必如此羨慕他人眼前的作爲，而是該讚嘆那個眞正令人生出喜悅的遠因。

問：若是碰到不公義之事，我們是該接受它，用以做為修鍊安忍心的對象，還是該試圖積極改變造成此不公義現象的社會結構？兩者之間的平衡點何在？

答：是的，一點也沒錯，你必須踏出改變現狀的步伐。這點是毋庸置疑的。

雖然寂天的開示是在好幾個世紀之前寫成的，但在今日，它仍應被視爲我們用來改變自己社會的力量泉源。寂天所教導我們的，不是對現狀一味順服和消極，什麼事都不去做。他強調的反而是面對不公義時應修習安忍心，將其化爲以後要改變現狀的力量。

問：在別人冤屈我，對我做了不義的事之後，我牢記於心，而且之後還愈想愈生氣，如此不斷重複。我該用什麼方法才能不墮入此無明的惡性循環中？

答：正如我經常指出的，當思及他人造成你心頭瞋恨難消時，你若是肯換個角度來看待這個人，那一定能找出此人在其他方面的優點。此外，如果你再仔細尋思，就會發現當初那件讓你生起瞋心的事情，也提供了你某些意想不到的難得機會，而這些是在其他情形下得不到的。所以對某個單一事件，你可以有許多不同的看待角度。但若是你再怎麼努力，也無法從此人的行爲中找出任何正面積極的意義，那麼眼前能夠消除瞋念的最好方法，可能就只是試著去忘懷這件事。

問：能否請尊者再深入析論證悟空性、緣起與安忍之間的關係？是否在並未證悟空性以及

緣起觀的情形下，修習安忍所能得到的依然只是不究竟的？

答：我們在這裡所說的這個字「不究竟」（superficial），還是可以有好幾種意義。若從較深遠的修行層次來看，那麼任何不依智慧和證悟空性所做的修鍊，就某種意義而言，就一直屬於不究竟狀態，因為這樣的安忍無法完全根除一個人的憤怒和瞋害心。不過這並不是說，我們得等到自己證悟空性後才可以開始修習安忍功夫。它並沒有這樣的意涵。

即使在大乘經典中，我們也發現有許多得到偉大悟證的菩薩並未證悟空性。問題是，如果眞想要找到這樣一位菩薩，可能還相當困難。我想在西藏人裡面，的確有些人是眞正對菩提心有深刻體驗的。我有一位朋友，他也確實是在修行上到達「奢摩他」的境界。根據他自己的說法，他是在四個月內就證得奢摩他，這是相當了不起的功夫。但他也告訴我說，他發現要證悟菩提心是相當困難的事，所以他個人對密乘的修行法門並沒有太大興趣，因為一個人若缺乏菩提心而修密乘法門是沒有意義的。所以在我跟他的交談中，也稍微討論了一些我自己的修行。因為我們倆是至交，他才願意告訴我關於他修行的事。否則這些道行高深的修行者一般決不輕易示人。而像我自己這種沒什麼高深修行經驗的人，就常愛在人前賣弄了。

問：是否可能有種情況是，擁有一位西藏上師，而一年只見上師一次或兩次？

答：這種情況是極可能的，但正如我之前所指出的，真正重要的是，這個學生本身要具備一定程度的資質才能跟隨老師。還有一個重點是，向老師發問時，要只問最精要的問題，而不要無的放矢，隨便問些蠢問題。

問：如果是某些因素，像是妄念或外在的各種影響力，使得一個人做出傷害他人以及不理性的行為。那麼，在什麼情況下，這個人才應該為此受到懲罰或坐牢？

答：在此我覺得可能很重要的是，要把預防性的懲罰和報復性的懲罰做一番區隔。將懲罰做爲預防他人日後再犯的一種手段，似乎是有些道理的。

這問題使我想到死刑的議題。死刑至今仍然存在，我個人覺得非常、非常地悲哀。有些國家已完全廢止死刑，我對此深感愉悅。

問：在一些大城市裡，我們常會碰見許多陌生人，而往往彼此僅萍聚一次即終生無緣再相見。因此在人與人之間存在一股強大的冷漠感。在修習慈悲心的法門中，是否有任何特殊的技

巧，可以應用在這種短暫交會的情況？

答：對他人生起愛和慈悲之心，這其中並無任何預設的前提是你必須先認識那個人。因爲若情況如此，那就不可能對世間廣大的有情眾生起一種普遍性的慈悲心，除非你首先就能做到完全開悟。

而對現象界那種遷流不已、瞬息萬變的本質要生出證悟，情況也是如此。如果證悟的前提是必須熟悉每起發生的事件，那麼證悟就不可能辦到了。但若從一種宏觀的普遍性來看待每件事情之所以成形，背後實肇因於各種遷流無常的因緣和條件的話，那就有可能獲得證悟。所以你可以採取一種更宏觀的立場來看清事物本身的無常本質。同理，你可以認爲人生所有的經驗都是在身、語、意均經垢染之下的產物，其本質終究難以圓滿。而爲求獲致證悟，你不必以分別心來經歷每項經驗，一一辨明「喔，這件事不夠圓滿，那件事也是不圓滿」這種差別相，而是採用更爲宏觀普遍的方式來達到極致的悟境。

同理，當你生起普遍性的大悲心，就能用一種更普遍性的思維方式來考量眾生處境而心生悲憫。明白到諸有情皆能感受到痛苦和喜悅，他們都很珍惜自己寶貴的生命，而且內心深處都與生俱有離苦得樂的欲望。因此，我希望眾生皆能得遂其願，也希望自己能助他們一臂之力。

這樣的話，一個人就可能內心生起普遍性慈悲心。

問：如果一個人修行「道次第」和「大圓滿法」，那麼是否有必要或能在本尊瑜伽或無上瑜伽密中達成目的？

答：要進行大圓滿法的禪修，先決條件是必須得到與無上瑜伽密有關的灌頂和加持，因此若缺乏無上瑜伽密的修鍊，你便無法成功地進行大圓滿禪修。有些情況可能是，某些老師在教導了大圓滿法以及之前所必備的禪修時，他們並未明示這個修行是屬於某種特殊的密續修法。然而當我們想要區辨有關寧瑪派術語中的三個內在瑜伽：瑪哈瑜伽、阿努瑜伽，以及阿底瑜伽時，必須了解到這些種類的分別，事實上是在無上瑜伽密之內的區隔。

問：能否請尊者開示一下有關孤寂在個人獲致開悟方面所扮演的角色？它又和寺院的氛圍有怎樣的相似性？

答：事實上我覺得有些寺院十分忙碌且活動頻繁，這似乎有點太過分了。以前常有一些偉大的修行者都是在寺院中。事實上其中有些人，我的朋友們也都熟識。這些修行人爲了能在一處較隱僻的所在進行密集式的修行，於是便發明一種技巧，運用特殊的鎖門系統，讓他們可以由密室內部來操控鑰匙。如此一來，別人若由外部向裡面望進去，就彷彿裡面空無一人。這樣修行者便能享有他們所尋求的隱僻又孤寂的清修環境。實際上，有些修行者也因如此精進而獲得極殊勝的證悟境界，而有些人更的確達到在無上瑜伽密中所稱的圓滿次第。

藏文稱寺院爲「gompa」（藏文：dgon pa），字源上就蘊含了「與城市地方區隔開來的一處僻靜所」之意。也由於此，在西藏的某些寺院就有相當嚴格的規定，像是不許養狗，因爲狗吠會擾亂安寧；甚至還禁止鳴鐘，就算爲了儀軌的目的也不允許；不可以彈奏鐃鈸、手鼓或皮鼓。唯一允許出現的聲音，就是僧人在廟堂中討論佛法的辯經聲。除此之外，任何會產生噪音的活動均嚴格禁止。

然而時至今日，人們卻常有一些錯誤印象，以爲一座寺院若是沒有舉行一些儀式演出，像是表演什麼擊鼓、敲擊鐃鈸或搖銅鈴等，就算不上是座寺院。這種謬見著實可悲之至。寺院最主要的活動應該是致力於各種禪修精進的自我鍛鍊。若缺乏這樣的精神，那麼寺院與任何一般機構無異。

問：在現階段中，我正為自己是否應該受菩薩戒而猶疑不決。該考慮到哪些因素？我希望自己能避免趨向墮落並修行六波羅蜜，但我又懷疑自己是否真有能力做得到。

答：我將於明天爲傳授菩薩戒而辦一場法會，但在這法會之前會先有一個生起菩提心的儀式，這和誓願受戒有所不同。因此，依你的情況來看，較爲可行之道，可能是先不要受菩薩戒，而是先讓自己生起菩提心。

我並不清楚你個人所處的境況如何，但如果你是位已受佛教一般教義薰習——特別是大乘佛理，而且也常思考許多大乘修行法門的人，那情況可能又另當別論。否則，若你是初次接觸這種菩薩道的修行法門，那麼較明智的作法是不要現在就受菩薩戒。

問：僧伽在集體和個人方面該做些什麼來為衆生服務？

答：這是個非常難以回答的議題，因爲對西方的比丘或比丘尼，尤其是比丘尼來說，目前並沒有一個完備可信賴的支援系統。所以這是我們必須注意及深思的課題。然而，就個別立場而言，若比丘及比丘尼一般而言能對社會有所貢獻，那就是非常值得稱頌的美事了。因爲，事實上這正是一個人致力於靈性修爲的目的呀！

就像我們基督教界的弟兄姊妹們：基督教的修士和修女們也大量獻身於社會服務工作，尤其是在教育領域，但也擴及醫療健康領域。這眞是太了不起了。傳統上來說，在佛教界的比丘和比丘尼中，這類入世的修行還算是相當少數。因此當我在六〇或六一年代剛抵達印度，就力勸各僧院和尼院的長老們，讓我們的比丘和比丘尼能夠更入世，在教育及醫療兩個領域裡爲人群做更多服務。但到目前爲止，我的呼籲所得到的迴響相當稀少。

現在我們還有西方人士出家爲比丘及比丘尼。雖然在歐洲、澳洲以及許多其他地方有一些零星的佛教機構，但至今仍可在世界各處發現這類出家眾所面臨的一些問題。當然，要解決這些問題是需要時間的。

因此，我眞的非常欽佩西方的比丘和比丘尼，他們儘管遭遇到各種困阻，卻仍一心守住誓願並維持高度熱忱。去年三月，我們在印度達蘭薩拉❷有一場成果十分豐碩的聚會，有許多比丘尼也參與盛會，當中有些人今天也來到此地。她們解釋自己所面臨的困境，而她們的解說使得我泫然悲泣。她們的話語極具效力，非常能夠打動聽眾的心。

❶位於印度北部的西藏流亡政府所在地。

問：能否請您對一個到晚年才開始親近佛法，想要致力於修行和研讀繁雜精深的佛教典籍之人，提供一些建議？

答：你不必擔心。綜觀佛教發展史，有許多精進的前例，可做爲你汲取力量及鼓勵的來源。當佛陀仍在世的時期，有個名叫帕杰的在家人，他在年屆八十之際才立志要追求佛法。他的行爲受到自己兒孫們的羞辱和訕笑。最後，他毅然放棄了在家人身分，遁入空門一心求道，而在八十高齡時就獲得了極高的證悟。

當我的高級親教師林仁波切，成爲上密院的住持之時，他先前的那位住持是位極優秀的學者和喇嘛。這個人在二十五歲之前都被人家視爲「呆瓜」或是「笨喇嘛」中的一員。那些對於學習或鑽研從不感興趣，只是到處遊山玩水、不務正業的喇嘛，我們稱之爲「呆瓜」。有時候他們是麻煩人物，不僅在寺院內製造麻煩，在城鎭裡也不例外，有時還跟人家大打出手，甚至使用刀劍之類的武器，其行爲眞是十分愚蠢頑劣。

但他就是這樣一個資質駑鈍之徒，而且在二十五歲以前也未見其情況有所改善。然後，他突然完全改變作風，發憤圖強，致力研習經文，然後一躍而爲頂尖學者。我想這類故事應能給我們帶來更多希望。

我想過去有許多的偉大修行者和靈性上師，他們個人的早期經歷和家庭生活都是飽經憂患、困難重重。而他們自身的學習因緣，必須延至三十、四十，甚至五十歲後，才開始精進而發芽茁壯，最後終於成爲一位大成就者。這類的故事不勝枚舉。有些人甚至在年老體衰之際，卻仍有顆年輕的心和理路清晰的頭腦，孜孜不倦於求道之路。

此外，佛教本身的信仰體系中存在著輪迴的理論。而以佛教這種輪迴的眼光來看待事情，任何事都不嫌遲。就算是在你生前的最後一年才開始接觸佛法，你付出努力的成果也絕不致白費，因爲這份善業會在你輪迴投胎後，繼續跟隨你進入下一世。

偉大的薩迦班智達貢噶堅贊說過，即便你明日就將死去，仍需努力擴展、吸收知識。因爲知識會跟隨著你進入下一世，你離開世間之際，彷彿不過是由人暫時代爲保管而已，日後仍將歸還給你。

但對不相信輪迴之說的人而言，這些說法就顯得相當無稽。

問：尊者，請您解釋一下，在佛教中，祈禱的概念代表著什麼？而如果沒有造物主的話，那祈禱者他們敬拜時直接指涉的對象是誰或是什麼？

答：祈禱分成兩種。我認爲祈禱主要是在每日的修行中扮演一種提醒者的角色。所以那些經文看起來像祝禱文，但事實上它是在提醒我們該如何說話，如何處理其他日常生活中人事物的一些問題。比方說我自己每天的修行中，如果時間允許的話，祈禱就要用掉約四個小時。這是相當長的一段時間。我想自己修行內容的絕大部分是在做回顧省思：慈悲心、寬恕，當然還有空性。然後，我的禪修主要是在觀想本尊、壇城，以及全神貫注於密續的修行法門中，包括觀想死亡與再生。我每日的修行裡，要做八次本尊壇城、本尊瑜伽，以及對死亡、再生和中陰狀態的觀想。因此，每天死亡八次又重生八次。我猜這應該是爲了讓我準備好面對自己的死亡。但眞正要臨終之際，我這套方法到底管不管用，現在我仍無法得知。

然後我有一部分的祈禱是歸向於佛陀的。雖然我們不將佛陀視爲一個造物主，但我們把佛陀看成是一位完全淨化自我的高層次靈體。因此他擁有特殊的能量，一種無限的能或力量。就某方面而言，在這類的祈禱中，那份尊敬佛陀的信念，和尊敬上帝爲造物主的心情是相同的。

8

觀修空性

英文版編按：在這最後一堂課中，達賴喇嘛尊者以問答的方式開始這堂課，以便能夠在開示的最後，詳細闡明十二因緣法。

〔答客問〕

問：我們是否真的需要在生活中尋求實際經驗，才能完全了解衆生，並對其產生大悲心？例如，今天在座有許多人都過著未受貧窮之苦或政治迫害的生活。這是否意味著我們必須跨出目前由電視、報紙所限制的生活，以更接近的方式，親身去體會這些受痛苦煎熬和迫害的情事？這是一種對抗麻木感的有效方式嗎？

答：在初期階段，如果直接面對實際的苦難眞況，會對發展慈悲心造成較大衝擊。然而，吾人省思苦難的方式有許多種。例如，就我先前指出的，目睹某人正受到痛苦折磨，會使你自然生起同情心和慈悲心，雖然你自己的意識或肉體並未同歷其境遭受這些痛苦。然後我們對於那些在從事傷害他人活動者，也應對其心存悲憫，要記住，這些可憐人實際上是在爲自己累積將來必須遭遇悲慘後果的惡緣和條件。這中間的差別只是時間的問題而已，惡果終究會顯現。其中一種情況是，他們已經進入果報層次；而另一種狀況是，尚未實際遭受惡果，但目前處於致因階段，正要邁向果報成熟之路。如此你就能對這種情況生起慈悲心。

我先前說過，受苦也分成幾個不同的層次。例如，一般我們世俗所認定的快樂經驗，其本質其實是所謂的壞苦。在我們所見的歡樂表層底下，仍是流轉於生死輪迴的不完滿存在本質。因此，一旦對苦的本質之了解是奠基於更深刻的了悟之上，那就不需要經由立即的痛苦經驗來激發出慈悲行為。

問：您說所謂「慈悲」，包含了待人以容忍和仁慈，而且不去做傷害他人之事。難道慈悲不會引發我們積極採取行動，去幫助那些有需要的人，像是減輕身患疾病者、極端貧困者，以及真正不公不義環境下的受害者的痛苦嗎？佛教常常遭人詬病之處，便是認為它漠視了社會中所存在的各種疾苦。請對這點加以評論。

答：我認爲這個批評在某種程度上是眞實的。我之前也提過，佛教徒的比丘和比丘尼們應該效法基督教那些熱情獻身公益的弟兄姊妹，在社會上扮演更積極的角色。例如，當我第一次訪問泰國的時候，我想大約是在六〇年代，那時我特別與當局者討論此議題，而他們認爲說，根據律藏的規定，比丘及比丘尼本應離群索居，努力清修。這說法本身是對的，佛教律藏和我個人的看法基本上都正確。所以我便解釋說：「沒錯，律藏所言的確不虛。但我們修行的目的正是爲了利益眾生。因此，站在一個較實際的層面上，如果我們能做得更多，那是非常值得的事。」

我們不應該忘記，僧伽生活形式其背後所蘊含的基本原則是：就個人修行而言，愈少涉入世事紛爭愈好。但另一方面，當說到服務眾生，我們又應當盡量參與其中。

問：請問佛教徒是否有打算要傳道，或是派遣傳教士到世界各地去宣揚佛理？現今世界上有太多人在靈性上飢渴慕義。如果佛教徒並未打算這麼做，是不是有什麼理由？

答：我想，在阿育王時期，曾出現過佛教的傳教士。但基本上在佛教傳統裡，並不會特別強調傳福音，或派遣宣教士來勸人入教，或是發起什麼皈依運動，除非有人主動前來請求教導。當然，身爲佛教徒，我們的確有責任向他人解釋佛教的義理。在過去情況或許並非如此，但如今這世界已天涯若比鄰，因此和諧的精神乃愈顯重要。而傳媒也同樣扮演極吃重的角色。

所以，我相信佛教的宣教工作是絕對曾經有過的。但即使是對於其他宗教傳統中所奉行的宣教工作，我的看法仍然有所保留。如果有一方大肆宣揚其宗教，而另一邊也如法炮製，那麼邏輯上而言，這就可能產生衝突了。所以我不認爲這是件好事。

我相信在世界上這五十億生靈中，只有極少數是眞誠的虔信者。這些虔信者中，當然不包括那些自稱「我是基督徒」的人在內。這些人只是因爲出自基督教家庭，所以在每日生活中也就習以爲常，不會常常考慮到基督教的信仰。所以除去這些人之後，大約有十億的人是虔誠信奉其宗教的。這意味有四十億的人，也就是大部分的人，是沒有宗教信仰的。因此我們必須找出一種可行之道來打動這剩下的四十億人口，使他們在沒有任何宗教信仰的情況下，成爲有道德和有操守的好人。這才是重點所在。關於慈悲及其他相關的資質，我只是將之視爲人類所具備的各種良善特質，而不見得必須與宗教議題有關。所以一個人即使沒有任何特定宗教信仰，仍能成爲一名善良、體貼的人，並對建立一個更美好、更幸福的世界，懷抱著一份責任感及共識。關於這方面，我認爲適當的教育方式及媒體都十分重要。

問：我曾經被兩個人出賣，且受到不公平的待遇。這件事造成我金錢上極大損失，弄得我連維持家人生計都有困難。當我事後分析這整個情況，發現要是自己警覺性更高一點，可能早就能發現他們的背叛行徑，而能當機立斷跟這些人脫離關係，讓自己不致白白蒙受此巨大損失。因此我自己才該受責備。我應該如何停止這種因受損失而不斷自責的情緒？我雖明知自我懷恨於事無補，卻仍舊無法自拔。

答：如果一個人已經陷溺於這種情境中，那麼單單靠著採用一兩次特殊思維觀想就想要讓他停止自恨行為，那根本是不可能的事。事實上，過去這幾天以來，我們一直在討論各種有關如何處理類似情形的修行法門或技巧。我們必須要經過學習（聞思）以及訓練（修）的過程，才能漸漸適應情況來面對這些難題。

問：我在一些佛教書籍中曾讀到，關於人在某一世到世界來是為了要學習一些特殊的功課，這種看法是不正確的。但是人生感覺上確實如此，而且這似乎也與業力法則相吻合。請問對此爭論，該如何正確理解？

答：我想在這裡面有些誤解的成分，或許是跟佛教輪迴的看法有關。根據佛教理論，透過學習和修行，你絕對能夠獲得新的知識，以及許多新的經驗。例如，若我們看一下佛教中與心識及心理因素有關的認識論，根據阿毗達摩論藏中的《阿毗達摩集論》，人類的心理因素共五十一種類型。這些是我們一般人在平常狀態下所擁有的一切不同心靈樣態。而隨著我們在菩薩道上精進時，藉由自己的禪修鍛鍊，就會產生出其他許多類型的心靈模式，這些嶄新的樣態是吾人心靈精進於修道路上的新收穫。例如，關於禪定或心力專一，我們在佛教經典中發現對於禪定和心力專一有許多各種層次和階段的描述，而所有的這些都是透過修行和觀想新發展出來的。

問：一個人該如何觀修空性？

答：這個問題我會在問答課程結束之後再詳細回答。

問：是否有一種調伏心性的方法，使我們能夠不因這世界苦難遍布而時刻感到巨大的憂傷？換言之，我們如何在面對這麼多的不幸和痛苦時，還能夠在內心體會喜悅？

答：要讓人的外貌和思維方式產生轉化並非易事。這需要多方面的因素互相配合才能成事。例如，根據佛教修行理論，我們強調方法上的統合性，或稱方便善巧以及智慧。所以不該有那種想法，認爲所應用的法門只是萬變不離其宗的某一種祕密，若是掌握了那個竅門，就一切都沒問題了。我們不該有這種想法。

以我自己爲例，如果我將自己在目前情形下的一般心智狀態跟二十或是三十年前相較，那肯定是大不相同。但這些轉變是一步步累積而成。雖然我從五、六歲的稚齡就開始學習藏傳佛法，雖然我被視爲尊貴法王的輪迴轉世，但當時卻對學習佛法毫不感興趣。然後，我想大概是到十六歲左右，我才開始眞正把追求佛法及修行當做嚴肅的事來認眞看待。之後，到了二十多歲那時期，雖然當時人在中國境內，處境十分艱困，但我只要一有機會，就盡量向上師學習。那個時候的我，完全不像從前那樣態度散漫，而是全副心力都致力於精進修道上面。然後，我想大約是三十四或三十五歲時，我眞的開始一心觀想空性。而就在十分密集的禪修之下，我對滅諦本質的理解變得相當眞實。我可以感受到某些悟境——「是的，的確有某些道理，那是有可能的。」這份啓悟給予我極大的激勵。不過，那時候的我，要證悟菩提心仍然十分困難。我景仰菩提心，而且認爲那樣的心靈眞是太偉大了。但我三十多歲時的修行境界離菩提心還差得很遠。約莫四十幾歲時，主要由於研讀並修行了寂天的《入菩薩行》及其他一些作品，我終於開始體驗到些許的菩提心。但我的靈修境界仍有待提昇。不過現在我相信的是，只要自己有足夠的修行時間及良好的清修地點，我是能夠開展出菩提心的。我已修行了四十年。

所以，當我碰到某些人宣稱自己在很短的時間內就得到極殊勝的證悟，有時候我雖企圖隱藏自己的反應，但還是會忍不住想放聲大笑。各位明白，心智的發展，從深遠角度而言，是需要相當長時間的。如果有人說：「喔，只要經過多年不懈的努力奮鬥，事情終究能有所成。」我覺得這話有些道理。但如果有人說：「喔，只消花上短短兩年的時間，就能使事情大有轉變。」這種話就不實在了。

問：我曾聽過人家把心靈形容或界定為是一個思維的容器。那麼觀想的目的，是否就是要把心靈這個容器內的散亂思緒清理乾淨？這麼做的話，是否能讓淨光遍照心靈？

答：在佛教的語彙中，我們是用「淨化心靈的垢染」，而非「放空內心的思緒」來形容這種情況。因為當我們說「思緒」時，包含了正面和負面的思維。然而，禪修的目的是要讓心靈能到達我們稱為「無分別的境界」。在這裡，各位必須要了解，我們使用的這個詞彙「無分別」，它在不同的文本脈絡中有不同的意義。所以「無分別境界」在經藏脈絡的解釋中代表的是一回事，但在不同的密續等級中所代表的又是不同的東西。即使在無上瑜伽密裡，無分別在所謂的「父續」及「母續」中，也代表著不同的意思。我們發現「無分別」一詞在大圓滿法和大手印法中經常用得到。而在這兩種情形中，這詞彙就眞的和無上瑜伽密的觀點有所關連。

在那本由偉大的學者及大修行者達波泰錫南嘉（Dakpo Tashi Namgyal）所著，討論大手印法的經文中，他說大手印法既不屬於經藏系統，亦非密續系統。他將大手印法形容爲一種獨特的法門，而他會這麼說，背後必然有其理由。但若你細思他這個說法，認爲有一種法門既不屬經藏也不屬密續系統，實在令人相當難以理解。無論由哪個角度而言，那都已經不是佛教了。佛陀只教導經藏和密續這兩種而已，但現在大手印法卻不在這兩個範疇中，這就表示它是某種不同的東西。

無論如何，在大手印法及大圓滿法的修行法門中，它們首要強調的便是「空性」與「淨光」的結合。我要再次說明的是，在此所使用的「淨光」一詞，可以代表兩種不同的東西。從一方面而言，淨光可以指涉本身是空性的那個東西，而「空性」也可理解爲「淨光」。但另一方面來看，它表示的是體悟那個空性的主觀經驗。所以，「淨光」就同時擁有客觀和主觀的意涵。而在大圓滿和大手印法門中所強調的，也正是此淨光的主觀及客觀兩種面向的統合狀態。

然而，當我們用「客體」和「主體」這些詞彙時，各位請不要感到不協調，認為說：「呀，這其中還是有二元的對立存在嘛！」因為不管我們是從現象學的經驗本身來說，或是就冥想者的個人狀況而言，由他或她的角度，這裡面都沒有任何二元性。只有從第三者的角度，或是在回想中省視的時候，才可能看到那種主體和客體。但在實際的體驗中，主體和客體之間並不存在著二元對立。

因此當我們談及該如何發展這種無分別境界時，那麼在每位修行者的內心，必然蘊含著某種潛能或善種，使此人能夠在精進後獲得開悟，達到這種無分別境界。但我們不該因此就認為，既然修行的目標是為了達到一種無分別境界，那麼在此一過程中所牽涉的任何思維，都不可能對那個目標的達成有任何助益。事實上，關於這個論點，可以在法稱所著《釋量論》中的第二章裡，找到極廣泛的討論。他使用了許多析理和論證來闡釋，我們所做的各種概念性思考過程、活動、反省以及分析式的禪修經驗，是如何累積成一種非概念性的經驗。這點是各位要切記於心的。

我們也提到兩種主要的禪修類型：一種是析義式（analytic）的，亦即運用你的分析能力去做觀察；另一種則是內攝式的（absorptive），在這裡，專注心力就真的是關鍵性角色。既然分析本身包含了運用思維及思維過程，在無上瑜伽密中，當你培養出特殊或透徹性的直觀時，就不會使用分析式的方法，而是藉助那種強調心靈專一性的修行法門來達到證悟。我們在大圓滿法及大手印法中也可以發現這類技巧。

問：您是否能慈悲地為我們闡釋，人在為善或作惡之間擁有多少選擇的可能性？是否一個人過去的作為會決定他的行動和看法？

答：正如你所說的，事實上我們絕大部分的行爲、思維模式以及看法，可能是受自己過去的種種作爲所決定或宰制。當我們談到受過去作爲影響，所指的便是受到制約性的影響。但人還是可能藉著行使自由意志和選擇權，來降低過去的業因對自己現在作爲的影響，並且試著把自己的心靈軌道調到與過去習性不相同的方向。

然而，人的心性習氣還受到某些生物性力量的影響，而這可能是較難擺脫的。事實上，佛教的看法裡，還是將人身視爲一種和合體，是無明及幻識的產物。人身不僅被視爲我們現階段存在狀態的基礎，會遭到重重限制和痛苦，同時還兼具某種跳板作用，能夠繼續造身、語、意的惡業，使自己未來仍遭受諸種痛苦經驗。人體內在的生物結構本身即蘊含著某些東西，阻礙我們想要解脫束縛的企圖。這種天生的障礙幾乎像是某種與生俱來之物，某種懶散昏昧的狀態，或某種讓心靈沉重之物。這東西也妨礙我們心靈的澄澈。但藉著心智的訓練以及禪修的經驗，我們仍可能操控位於身體內部極精細層面的能量。尤其是在密續的修行中，一般來說，我們可以發現自己的身體元素分成肉眼可見的、精細的，以及極精細的三種層面。這樣一來，我們就能超越粗糙層面的身體元素。是有這種可能性。

問：就我所了解，所謂的「開悟」，就某種意義而言指的是，一個人不再受到因緣條件的束縛。一個人如何一方面達到這種境界，另一方面肉身卻仍然存活於世間？如果我們肉體存在的本質是相對且受業因影響的？

答：關於因緣條件的束縛這方面，它們是普遍性的，甚至能延伸到成佛階段。以佛陀的無量心爲例，這顆心本身雖已完全開悟，卻仍與外物互動。它是一種過程，本身即有遷流不定、瞬息萬變的特性，所以它是無常的。即使在那個境界裡，都能見到因果法則運作其間。然而，有時成佛的境界又被視爲是一種不朽的境界，是恆常不變的。而這點就必須在正確的脈絡下來理解——它之所以被描述爲一種永恆境界，是就其連續性而言。有時候成佛的境界被視爲永恆，那是因爲當我們談到佛陀的應化身❶時，是同時涵括了受限於因緣條件的無常相，以及永恆相。

現在，當我們談到佛陀的應化身，會發現其中有些是瞬息萬變，有些則否。因此當我們說到佛陀的應化身就會有兩種不同面向。不過一般我們還是說，佛的應化身是不變和永恆的。

問：你說造成傷害是犯罪者的內在本質，我們不應該為此責備他，這個說法令我困惑。我們每個人的真正本質不是佛性嗎？

答：我想這裡可能有一些誤解。寂天的論證是在一種假設意義上，他用了一個條件子句。

第三十九頌是這麼說的：

而如果傷害他人的行爲
是出於凡人幼稚的天性，
那麼瞋恨他們仍不合理，
因爲這猶如瞋恨火具有燃燒的本質般。

〔設若害他人　乃愚自本性，瞋彼則非理；如瞋燃性火。〕

這裡面有個假設詞語——「如果」。

不過，當我們使用「內在本質」一詞時，還是得了解，在不同的脈絡之下，它可能代表不同的意思。當我們說眾生心念的內在本質是純淨無染時，指的是佛性，那是非常不同的層面。而和此點相關的是，當我們在研讀那些處理佛教空性哲學的典籍時，要能明白各種專業詞彙的精微意義。例如，在梵文裡，對我們了解空性概念相當重要的字眼是「svabhava」，它可被譯為「純粹本性」、「自性」，或只是簡單稱之為「本性」。所以它在不同的脈絡下有不同的意涵。當你研讀這些經文時，要特別注意不要只拘泥於其中某種意義，而將其襲用於所有的文本脈絡裡。同樣一個詞彙，可能用之於大乘哲學的體系，也出現在不同的思想學派中。所以在理解經義方面，重要的是必須有彈性，理解到字義在相異脈絡中的歧異性。

❶即應眾生之機緣而變現出來的佛身。

問：您是否能夠說明一下星期三所舉行的綠度母灌頂，例如這個儀式中包含了什麼樣的義務等等？

答：將於明天舉行的這場與綠度母有關的儀式，是一場祈福儀式，而不完全是一場灌頂活動。其中包含了長壽灌頂，這是由第五世達賴喇嘛延續而來的儀式。所以它是特屬於達賴喇嘛傳承的修行法門，而這裡面並沒有特定的義務存在。所以這不是很好嗎？既能獲得祝福，又沒有任何義務！

然而，如果你今早受了菩薩戒，那是有義務的。這些義務主要有十八項根本誓願，及四十六個輔助誓願或菩薩戒律。所以正如我今晨所言，如果這是你初次接觸佛教的修行，那較明智的作法可能是先不要受菩薩戒。

問：您對一位研習佛教經典，而且還考慮要於這個星期受菩薩戒的基督徒，會提供什麼樣的建議？

答：應該沒什麼問題。

緣起觀的十二因緣

截至目前爲止，我們一直都在談有關安忍心的修鍊，在之前我曾指出，忍辱是六波羅蜜中的一項，也是菩薩道上的主要修行。而我也說過，安忍心主要共分三種類型：接受他人所造成的傷害和痛苦；自願讓自己去承受與修行有關的痛苦、煎熬和磨難；以及發展和增進自己忍辱的能力，藉以發展出個人對實相本質——像是各種環境的複雜性——的了解，這也包括對實相的究竟本質，例如空性等的澈悟。

有件事我尚未提及，那就是，理想的波羅蜜修行必須是完整的；也就是說每項修行之內，都必須包含其他五種波羅蜜的面向。例如，在修忍辱的例子中，鼓勵他人也來修習安忍，這也是一種慷慨布施之舉。第二點是，將自己修忍辱的基礎奠立於誠實以及虔敬之上，因爲這兩者涉及安忍的道德戒律面向。第三點，當然是安忍。第四點是，爲維持安忍心而做出一切努力時，都應把持甘之如飴的愉悅心情。第五是，當你致力於這類修行時，要維持一種心靈的專一，以及無論從事任何工作都能全神貫注的能力，並且維持在一心不亂的境界。這裡面也包含了省察，這是一個人在修行安忍時的專注及專一面向。第六，修行智慧波羅蜜是指一個人有能力辨別何謂適當或不適當，以及置身於特定處境時自己該做些什麼事。這些全部都是智慧和心智能力，這也是在修忍辱波羅蜜時伴隨的一部分。這其中也可能包括證悟現象背後空性本質的智慧，如果你有這種境界的智慧的話。在修行其他波羅蜜時情況亦是如此，像是布施，在修行布施時，也必須完成所有其他的波羅蜜。而修持戒波羅蜜時也是如此，其他皆然。

當我們談到六波羅蜜——布施、持戒、忍辱、精進、禪定以及智慧，它們也可以在其他非菩薩道的修行者身上找到，這些人是傾向於尋求個人解脫❷。他們修六波羅蜜的原因涉及了動機因素。為了讓一個人的安忍心修習成為修忍辱波羅蜜，這當中所需的動機即是生起菩提心。若是你修忍辱、布施等波羅蜜，都是由於菩提心的激勵而起，誓願欲獲致能利益眾生的證悟，那麼你的修行才真正算是一種波羅蜜修行。

所有這些六波羅蜜的修行，若非與積聚福德有關，便是想要獲得無上智慧。菩薩道上的修行之所以會分成智慧與方便這兩種主要的範疇，是因為證悟佛性的果位狀態，是以佛陀的兩種身來表達的，或稱之為兩種示現。其一為法身狀態，它被視為佛陀本性的最究竟證悟，或稱自我了悟。另一種示現稱為色身，這是形相身。這兩種身相各有其不同的功能：法身狀態猶如了悟到自我的完美境界；而色身，即形相身，是佛陀為了能利益眾生，為了使諸有情皆能親近佛陀，特別應化所現的色身。其作用如同讓眾生霑飲佛法利益的一種互動媒介。我們現在談的是，依顯教經藏系統而成的大乘菩薩道修行法所呈現的概略性架構。大乘佛法旨在使人生起菩提心，致力於靈修之路，並且爲救渡眾生得解脫而誓願證得完全開悟。然後，在抱持利益眾生的動機下，發願精進於菩薩道上修行六波羅蜜，而在過程中便結合了方便與智慧。之後再經過次第修行，證得十地菩薩的果位，就能證悟最殊勝的菩提正果。這時候佛陀能夠用法身或應化的色身出現。此乃大乘顯教經藏系統裡較常見的修行方法。

而顯教經藏和密續金剛乘最大的差別在於，密續系統係植基於較深廣層面上來理解方便與智慧的結合。而經藏系統中方便和智慧的統合，是在兩種不同實體和認知事理中來理解。因此，要了解方便與智慧的結合，必須以其間的互補性著眼，這兩者是彼此支援和相互補強的。但在密續的理解中，這個結合本身有著更深層的脈絡。它的看法認爲，在一個意識或心理事件中，方便和智慧兩種面向都是圓滿的。這兩者並非截然不同的互補心靈狀態，而是在每個認知

❷即小乘解脫道。

的瞬間，會產生結合了智慧與方便這兩者的同化作用。而此同化正是密續所有修行次第的形成根基。

密續中又分成不同的系統或派別，有時分爲六層等級，但一般而言都是分成四部密法。而前三個等級的密法和無上瑜伽密間的差異，在於無上瑜伽密中會大量出現、強調「淨光」的修行。這是前三種層級較低的密法中所缺乏的。

爲能更確切理解「淨光」的概念，我們必須明白，當心識在遊走時，我們可以在許多不同的精細層面上，覺察到精微心識以及隨心識而生的氣能。也因爲這個緣故，在無上瑜伽密裡，就會發現有許多關於能量、氣脈、流遍氣脈中的眞氣，以及位在身體各重要部位的明點的討論。這是由於它們都與心識、能量具有不同層面的殊異性之概念有關。所以，由於這種種緣故，無上瑜伽密裡所常見的觀想對象和圖像，往往不是現忿怒相就是色欲相。這些無上瑜伽密裡有許多是跟氣脈、脈輪、精細能量等有關，並將人體的基本組成物也考慮進去，像是六大元素。由於在我們人體之內有這些元素和能量在流通運動，以及其能量階之不同，這些東西影響了我們的心靈境界，以及心識的精細程度。例如，在我們生命中某些特定情況或處境之下，自己能夠有機會偶然體驗到所謂的極細微心識。關於這個經驗的描述，阿闍黎佛師利智

（Buddha-shrijnana）在他所著的某本書中曾說，當我們處於一般狀態時，有時會自然體驗到這種極精微心識的經驗，例如處於深度睡眠狀態、性高潮狀態，或是昏倒、瀕臨死亡之時。在這些階段中的人，會很自然地就體驗到某種精微的心識。所以經由這四種自然情形下的體驗，若是禪修者運用某種特殊的禪定技巧，那他或她就可能有機會抓住那刹那片刻，有意識地在內心生出甚深微細的淨光之體驗。尤其是在人將臨命終之時，能夠有此體驗的機會最多，其次則屬進入深度睡眠及性高潮之際。

所以，我們要在證諸這些背景因素之後，才能夠去理解雙身像的觀念，即男性與女性的結合。若我們的理解是正確的話，就會發現這類男女本尊雙修，事實上跟世俗意義下的性活動有極大的不同。在這種雙身活動中，雙方都必須擁有能控制住能量使之不外洩的能力。事實上，若修行密法的人無法含住眞氣而讓其散逸出去，會被視爲是一大挫敗。這被視爲修行者的大忌，尤其是在時輪金剛密法的修行中。

在這裡我們可以了解到，智慧與方便之間的結合愈深密，在邁向開悟的修道路上就會得到更強大的助力。但在所有原則中，最重要的修行是在於生起及證悟菩提心。若缺少這個先決條件，就絕對無法成功地進行這些修行。

爲了能成功發起菩提心，我們須具備使命感及責任感，要將救渡眾生脫離苦難視爲己任。這些是一個人能生起菩提心的前提。但反過來說，我們也需要有普遍性的大悲心。

在密法傳統中，有兩項主要法門或善巧，是用來培養這種普遍性的大悲心：其一爲「七支因果法」以及「自他相換法」。這兩種都是培養大悲心的主要修行法。有關自他相換法門，可以在寂天《入菩薩行》的第八章中找到詳細解說。

所以這些全都是大乘證悟之道中的不同面向。然而，爲了能讓人生起眞正的大悲心，亦即不忍眾生受苦的悲憫之心，首先最需要的，就是一個人能體會到苦難本身的嚴重或頻繁。因此，了悟受苦之本質，是件必要的事。

通常我們會有的悲憫心是，當我們看見別人眞的受到極大痛苦時，會自然就生起一陣同情心。我們心想：「喔，好悲慘、好可憐呀！」但是，當你看見的是別人在世俗上的功成名就時，你心裡就不是感到遺憾或悲憫，反倒覺得羨慕和嫉妒。所以這眞是種極幼稚的同情心。我們之所以會有此幼稚反應，是因爲並未眞實理解痛苦的眞義。因此，爲了讓自己明白痛苦的意義，我們必須在基本道上調伏自己的心念。

但光是了悟受苦的本質及其眞正意義是不夠的，重要的是開發出另一種可能性，那就是脫離苦難、得到解脫。這就與了解四聖諦有關了，而此法門在大乘及非大乘佛教裡都相當普遍。

談到四聖諦，就會發現有兩組因和果。一組是跟生死輪迴中的經驗與存在有關，受苦為果，受苦之因為因。所以其中有一組因和果，是處理我們仍然流轉於生死輪迴時運作的情況。而另一組因和果法則的運作，是在於解脫束縛，離苦而得自由。這兩組法則結果就產生滅諦，然後再以滅諦原因導向證悟之果。當我們將此兩組因果法則理解得更透徹之後，就可以把注意力放在十二因緣法則（編按：即無明、行、識、名色、六入、觸、受、愛、取、有、生、老死等十二支循環相續）。換言之，這十二因緣法是在四聖諦的基調上所發展出的一種論述。

在十二因緣法中，存在著逆反的順序以及一般正常的順序。若我們是由一般性的順序思考起，那首先看見的就是無明。無明會使人產生暴力行為；而此惡行又在我們的心識上刻下印記；於是便導致了名與色（編按：名是指受、想、行、識四蘊，色是指色蘊）；之後在年老及死亡之際達到巔峰。藉由思考這個因緣的鎖鍊，我們了解到那個使我們流轉於輪迴，又一次次經歷生與死的惡性機制到底是什麼。

當我們將整個秩序倒轉過來，再思考這十二因緣中每一項的止滅，那我們就會明白「老死」的止滅，乃是依賴於「生」的止滅；「生」的止滅依賴著「有」的止滅；而「有」的止滅又依賴著「取」的止滅等等。所以在此倒轉的秩序中，我們明白了何種修行次第能夠讓自己脫離輪迴束縛，得到自由及解脫。

所有這些十二因緣法的正向及反向順序爲基礎的修行，都可以在「三十七道品」中找到。這個法門是由四念住等開始的。因此，換言之，三十七道品是與十二因緣法有關的修行法門。

在走向開悟之道的三十七個面向中，第一品即是身念住。接下來是受念住，之後是心念住，之後爲法念住。

當我們在做對身體的禪修時，要思考身體是如何形成，審視其因緣條件，然後會看到身體的不純淨。之後我們循此脈絡觀察下去，會發現那些享有世俗成功者，不見得眞是值得人們羨慕的對象，因爲他們仍陷於有漏的痛苦和束縛中而難以超脫。事實上，如果我們再深入些思考，就不難發現一個人所獲得的世俗成功愈大，似乎在心理上的僞裝也就愈加複雜，因爲他們內心的希望與恐懼，有更糾結複雜的關係，而且憂慮和壓抑重重。

如此看來，提婆在《四百論》中所言似乎非常有道理。他說那些在世俗眼光中享有成功或財富者，往往飽受心靈和情緒的痛楚；而貧窮的人則是受肢體病痛所困擾。這說法似乎相當有道理。

而眾生所過的生活，之所以會被描述爲是在受苦受難，是因爲他們終究還是活在無明勢力的強大影響之下。我們該讓自己像身染愛滋病的病患一樣，培養出強烈的迫切感。人們一旦染此重症便會心生迫切感，因爲自己在世的日子已所剩無多了。同理，我們也應如此思量：「只要我們籠罩在無明及謬見的力量影響之下，那麼遲早會發生不幸之事。所以我現在就必須努力精進。」我們的心裡都應該培養出這種迫切感才對。

只要這世間有人仍受心之三毒此無明力量的影響，那就不可能會有眞正的快樂。所以我們可算是深受心之毒所奴役的僕隸。設若世間存在某種可能性或方便善巧，能夠使我們從這無明的束縛蔽障中解脫，而我們竟捨此不由的話，那簡直是可憐又愚蠢至極。

所以，若循此理路來思考，那麼，當人家說：「三界均流轉於輪迴中。」我們的內心深處就會出現一個清醒聲音：「呀，我一定要脫離輪迴！我一定要獲得解脫！」我們內心所生起的意願，正是要從這心識三毒的束縛中解脫。

然而，爲了能圓滿獲得解脫，我們必須要長時期的禪修和練習——有時候甚至得花上好幾輩子才能辦到。在這種情況裡，重要的一點是，要能積聚足夠福德，使自己將來能出生於善道，這樣我們才有機會再繼續追求前世未竟的志業，證悟菩提，得到最究竟的解脫。

所以，雖然吾人的終極目標是求得解脫，並且以此爲求道的目標，然而在求道路上的第一步，就是要確保自己出生於善道。爲此，我們必須要過有道德戒律的生活，不作十惡行或十不善。這十項惡行包括三項身業（殺生、偷盜、邪淫），四項口業（撒謊、兩舌〔挑撥〕、惡口、綺語），以及三種意念上的造業（貪婪、傷害意圖、錯誤見解）。要讓人眞心誠意過遵守戒律的生活，不作任何惡事，必須使其明白業力的運作機制。

現在，當吾人試著要理解在業力觀念背後的運作機制，以及行爲與效應之間的關係，還有一事如何在極微細的層面上導致另外一件事等，這些問題的解答依然不存在於我們一般的理解之中。在修行初階時，有關業力理論的最細微面向，仍舊不是我們能領悟的。因此，這個時候，對佛陀所說有關業力的教義有某種程度的信仰和信任，似乎就相當必要了。因爲這樣，觀察業力法則的運作，就與皈依有極密切關連了。事實上，在業力法則之內過著符合道德戒律的生活，即被視爲遵行皈依戒。

若要致力於皈依的修行，依循業力法則來奉行十善行的生活等等，我們需要有極大的自信心。有關發展自信心和熱忱，佛陀所宣說的經乘中有一段論述，說明暇滿又勝妙的人身極爲難得。在那個階段，我們絕不談及人身有漏，或是人身多麼不圓滿，而是要將焦點放在強調人身是多麼美好、有意義、有目的性，以及它擁有多麼大的潛能及好處上面。這些是爲了要建立信心及勇氣。所以在這時候，我們不應強調人身的負面特性。尤其是當一個人有自尊心低落或自怨的困擾時，如果還對此人提及人身的諸種垢染和不圓滿等缺憾，那可能更加深其煩惱，助長無明草的滋長，使情況愈加惡化。這時務以提醒人身各種正面特質爲緊要，這不僅是爲了要讓人生起迫切感，明白暇滿人身已難得以及其潛能之無窮，也是要使人在內心生出誓願，決心以積極正面的方式利用這珍貴的人身。

之後，修行者會被提醒人生的無常以及死亡。這裡所說的無常，是取其非常世俗的意涵：終有一天我們都會離開人世。我們鼓勵人們對無常觀有深刻覺察。這再配合了解到人身同時具備無窮潛能，就會使人心生一種迫切感：「我必須善加利用自己生命的每一珍貴片刻。」這種精進的熱忱、渴望以及信心，都必須加以開發。

要達到這個階段，首先重要的是要研習經文。但正如仲敦巴所言，當他在學習時，也不忘思與修。同樣地，當他在思考某項主題時，也不敢忘記研讀及禪修的重要性。換言之，他永遠是聞、思、修這三者並行，那是一種既具體、協調又兼備的修行法門。這點非常重要，如此才不會在知性學習與修行的貫徹之間無法平衡。否則，就有可能落入過於智能化的陷阱而妨礙修行，或是一意貫徹禪修而荒廢學習知見。這兩者必須取得一種平衡才行。

我所綜論過的逆向修行次第，可以在提婆的《四百論》裡找到方法，他在書中總結所有的菩提道。他說，在修行初階時，重要的是反轉自己身、語、意的負面或傷害行爲，過著謹守道德戒律的生活。在第二階段，應該把重點轉移到對治幻識心境以及無明的蔽障上。要用穿透事物表相的覺察力來理解現象，彷彿它們是內蘊的實存，並具足內在實性和自性。然後，到了第三階段，所有形式的印記、傾向，以及由幻識植基於心理上的各種習氣，都應該消除殆盡。因此，在個人邁向開悟之路的靈性進化上，有三種截然不同的次第。

禪修

讓我們的講課先告一段落。在過去的幾堂課中，或許各位已經有過一些喜悅快樂，或甜美愉悅的體會。有些人可能感到疲倦，有筋疲力怠之感。因此，現在讓我們試著專注心神來思忖一下，那個讓人體驗到這份靈性喜悅的「我」或「自我」，到底為何物。讓我們將自己心神貫注於此，而且一塊兒來尋求答案。

我們可以確定的是，這個自性並不能自外於我們的身體與心靈而獨立存在。在身與心這兩者之中，很明顯的一點是，身體不能被視為「自我」。而感覺也非所謂的自我，因為在我們一般的觀念中，我們會說「我覺得」，彷彿真有一位當事人存在，好像有位「感覺者」以及感覺本身。所以感覺不可能是感覺者。我們也不能視知覺為自我，因為當我們說「我感知」時，似乎是有個知覺的行為，以及某位知覺者。所以知覺本身也不是「自我」或那個當事人。

現在，若是給各位一個選擇機會，可以將自己的心去交換一顆更為圓滿、純淨以及具覺察性的心靈，我想大部分的人似乎會同意這麼做。同樣地，我們對自己的身體也常會有這種不滿意之感：如果能有機會用自己的身體去換一個更完美或更有吸引力的……而雖然目前的科技尚未能成功地移植人腦，但人類卻存在著這種意願：如果情況可能的話，我們是希望換個腦子的。

這情況所顯示的就是，我們一般很自然地看待自己的方式，及「自我感」形成的方式，似乎是存在有一種像是行動者或主體的東西，它能夠感知和體驗。那麼，五蘊就如某種「自我」所擁有之物或「自我」的一部分。

同樣，當你感到極度憤怒或瞋恨時，就會有強烈的「我」的感覺：「我在生氣。」然後，當你那份恨意和憤怒是直接衝著敵人而去，你覺得自己對他或她有種清晰的了解，而且有相當具體的概念。不過一個人到底是百分之百的壞人或好人，其實全憑你個人的感覺而定。因此，若我們所憎恨的對象，就某方面而言是存在於我的看法中，那我們對那個人所投射的任何觀感，也會成為那個真實性的一部分。這表示，我們對自己所憎惡之人的印象，將維持完全負面而毫無轉圜餘地。但事實並非如此。

所以，對我們最原始、純真的心性而言，每件事都好像有獨立、具體和客觀的實體，有其客觀的地位——彷彿它是個理所當然的存在，既客觀又全然獨立。然而，若事物存在的方式，果真如我們所覺察的那樣，那事物的本然面目應該是愈尋愈明朗才對。但很明顯的情況是，一旦我們開始尋索事物真相，它們卻都渺無蹤跡、幽微難尋。

即使以現代物理學的眼光來看，對物質實相本質的理解，目前已發展到一個階段，不再使用具體物質的概念了；他們無法找出物質的確切身分。所以，物理界就開始以較全相式（holistic）的角度來詮釋現象界，他們觀照的比較是物與物間錯綜複雜的關連，而非拘泥於個別、具體的事物上。

如果事物的存在真的如我們所見的那樣，是種客觀地享有某種獨立地位，並且擁有具體身分的存在，那當我們以這個角度來探尋事物背後的真相時，它們的輪廓面貌應該愈來愈明晰才是。但情況似乎並非如此。就在我們開始探索真相之際，那個概念也似乎跟著消失崩解了。但這並不表示事物本身不存在。因為擺在眼前的事實，表明了它們的存在是非常真實的，而經驗也告訴我們，事物會帶來不同的感受與經驗；由於有各種不同的事件，我們也就領受各種或甘或苦的體驗。現象的本質即是由我們的經驗來肯定其存在的。所以我們可以由此得出結論，我們看待事物的方式與事物的本然面目之間，有著不一致性存在。我們的知覺與實相，換言之，即表相與實相之間，存在一種差異性。因此，一旦對這種差異性有略微的體察並牢記於心，那我們就應該判斷一下，自己平常是以何種心態與觀點來看待世界以及萬物的——我們如何看待人們、周遭的環境，以及自身。在這個分析裡，我們會發現到自己其實一直傾向於用一種相信世間存在著某種獨立和客觀實體的態度，來看待這世界、他人以及自己。然後我們了悟到事物存在的方式並非如此。事物並非如其所顯現在我們眼前的方式存在。因此，看待事物時，只要牢記這個結論，即事物並非真實或本然性的存在，而且也不像我們感官所覺察的那樣，享有獨立自主的地位。

既然事物本身是存在的，那它們到底是以什麼方式存在？它們存在的狀態又是如何？我們只能下結論說，吾人僅能從事物彼此間的關係來理解其存在和定位：某種由事物彼此之間的互動，以及我們附加在實相之上的其他因素、標籤和名稱所衍生出來的東西。然後，單純地把心思置於此結論上面，即事物並非獨立或本然地存在，亦未享有本然實性或定位。這就是所謂觀修空性的意義。

所以當我們觀修空性時，並非想著：「喔，這個是空性。」也不是空想著：

「喔，事物不是以這個方式存在，但可能是以那種方式存在。」我們不應該企圖下定論，而該把心念安放於此結論之上，即事物缺乏獨立實存之本性。不過這跟將自己的心念置於完全的空虛或放空是不一樣的，實際上我們在做的是，把心念放在事物缺乏獨立存在性和本然實性這件事情上。

名詞解釋

【二劃】

二諦（Two Truths）：世俗諦或相對眞理（表相）及勝義諦或終極眞理（空性）。所有的佛教哲學派別都以二諦的架構來說明他們的形上學，可是由於他們的認識論解釋有所不同，所以對二諦的界說便有歧異。

【三劃】

大圓滿法（Dzogchen〔藏〕）：直譯爲「大圓滿」或「大完滿」之意。爲藏傳佛教寧瑪派中最究竟的修行系統。

小乘（Hinayana）：直譯爲「較次」或「較小」的交通工具。因修行者主要動機心量較小，故而如此稱呼，意即只爲求個人從輪迴中解脫，而有別於大乘道發心救渡眾生得到大解脫的菩薩願。參見「大乘」條。

大手印法（Mahamudra〔梵〕）：直譯爲「大印信」，此法依據不同的經藏或密續的解釋而有不同的定義。它做爲一種禪修的法門，運用了奢摩他（止，shamatha）和毗婆舍那（觀，vipashyana）兩種方法，是把心力焦點貫注於禪修者自己心識上的法門。大手印禪修法在藏傳佛教的噶舉派及格魯派中均可見到。

大乘（Mahayana〔梵〕）：佛教兩大系統之一。另一派爲小乘佛教。其修行動機爲強調利他心，並且以求眾生解脫爲其目標。因此稱之爲「大乘」。

上座部（Theravada〔梵〕）：「長老所闡示之道」，古印度小乘佛教所存至今的派別，主要在泰國、緬甸、寮國及斯里蘭卡維繫著。其三藏經典完全以巴利文保存。

三寶（three jewels）：佛，或究竟實相之體現；法，導向證悟及自由的正道；以及僧，理想的靈修團體。這三項爲我們皈依時所追尋的完美目標，以求讓自己從輪迴狀態中解脫出來。

三身（three kayas）：佛的「三身」，所指不僅是佛陀的肉身，也指在不同「向度」之下，一個完全開悟者的屬性的各種示現。它們是法身、報身以及化身（應身）。

三毒（three poisons）：見「煩惱」條。

【四劃】

止滅/滅諦（cessation）：參見「四聖諦」條。

月稱（Chandrakirti〔梵〕）：爲第六世紀印度的佛教學者，他闡明龍樹所提出的中道哲學思想。

父續（Father Tantras）：此爲無上瑜伽密之中的一支。其所包含之修行法爲，極強調與方便善巧以及獲取幻身有關的瑜伽法。

中觀宗（Madhyamika〔梵〕）：古印度佛教哲學四大宗派中最有影響力的一支。其字面上的意義爲「中道」，是介於永恆主義與虛無主義之間的路線。中觀應成派是中觀宗的兩大支派之一❶。

中觀應成派（Prasangika Madhyamik）：參見「中觀宗」。

仁達瓦（Rendawa，Red Mda ba〔藏〕）：藏傳佛教薩迦派第十五世紀的一位偉大學者。他是格魯派創始人宗喀巴的主要老師之一。

六波羅蜜／六度（six perfections）：六波羅蜜爲菩薩道修行生活的主要基礎。其內容爲：⑴布施，⑵持戒，⑶忍辱，⑷精進，⑸禪定，⑹般若。

【五劃】

四聖諦（Four Noble Truths）：「苦」（痛苦的存在）、「集」（痛苦的起源）、「滅」（痛苦的止息）、「道」（導向痛苦止息之路）四諦。四聖諦法爲釋迦牟尼佛在開悟證道後，第一次向眾人宣說佛理的基礎。

本生經（Jataka Tale）：有關佛陀前世的各種故事，這是傳統上佛典十二種文類之一種，它們描述佛陀在無數的前世裡，如何致力於菩薩道的生活。

【六劃】

色身（rupakaya〔梵〕）：在大乘佛教裡，「色身」用於指報身以及化身。參見「三身」條。

如來（Tathagata〔梵〕）：佛陀的同義詞，Tatha 意指「如此」（thus），而 gata 是「去」或「離開」。該詞的詮釋依不同類的大乘經典及密續而異。

【七劃】

戒律（Vinaya〔梵〕）：是指一般讓比丘及比丘尼遵守的道德規範。同時也指包含佛陀有關戒律論述的律藏。

【八劃】

阿毗達摩/論藏（Abhidharma〔梵〕），：這是佛教經典（the Tripitaka 三藏）的三個分支之一。其經文內容討論的主題，包括現象學、心理學、認識論及宇宙論。

阿羅漢（Arhat〔梵〕）：指已經消除業力傾向及煩惱障，而從輪迴中獲得解脫的人。由於因果業力以及無明煩惱的運作力量，使我們被迫流轉於生死輪迴中難以超脫。這是小乘解脫道的修行者渴望

---

❶另一主要支派為中觀自續派。

證得的果位。

明點（bindus〔梵〕）：直譯爲「滴」（drops），是指人體中男性／白色，女性／紅色的生殖液或精液的純質。它是沿著人體的氣脈及氣而周遍流動之物。根據佛教醫學理論及密續中的看法，明點形成人體生理學上一個重要的面向。

法／佛法（Dharma〔梵〕）：此字用法相當廣泛。在佛典經義裡面，它指的是諸佛之證悟，一方面是指止滅的境界以及導向止滅的道路，另一方面是指解說成佛之道的權威性文典之傳承，以及文典的口傳釋義之傳續。

法身（dharmakaya〔梵〕）：參見「三身」條。

法稱（Dharmakirti〔梵〕）：第六世紀印度哲學家及因明學家，爲藏傳佛學傳統建立了研究邏輯以及認識論（審按：兩者合爲因明學）的基礎。

空性（emptiness）：參見 shunyata 條。

母續（Mother Tantras）：無上瑜伽密中的一支，是一種強調獲得心識之淨光的瑜伽修行。

空性（shunyata〔梵〕）：英文將其譯爲 emptiness，即指實相之究竟本質。即所有現象的本然存在及自性都完全不存在。其確切意涵隨著各宗派哲學而有不同解釋。

拔苦予樂（tong-len，gtong len〔藏〕）：「施與受」，一種大乘的修行法，行者觀想自己把一己的快樂給予他人，並將他人的痛苦、不快與不幸取爲己有，此一法門之目的在於開展仁愛與慈悲。

【九劃】

毗婆沙宗（Vaibhashika school）：古印度佛教哲學四大宗派之一。

毗婆舍那／觀（Vipashyana〔梵〕）：「穿透的見地」，一種分析性的禪定狀態，能穿透其禪定對象之本質、特性或功能，並以奢摩他爲本而生起。

【十劃】

脈輪（chakra〔梵〕）：直譯爲「輪」或「圓圈」。在密續的理解脈絡中，這是指人體的能量中心。人體主要脈輪位置分別是頂部、喉部、心臟、肚臍及性器官。

涅槃（nirvana〔梵〕）：直譯爲「超越悲傷之境界」。是指所有的苦難以及引發痛苦的負面情感都完全寂滅的境界。

【十一劃】

唯識宗（Chittamatra〔梵〕）：古印度佛教哲學四大宗派之一❷。此派爲四世紀時由印度學者及聖者無著所創立。其主要思想爲，所有現象皆是實際的心理事件，不然就是由心識所延伸之物。通常被

---

❷四大宗派分別為：毗婆沙宗、經部宗、唯識宗、中觀宗。

稱做「唯心宗」。

奢摩他／止（shamatha〔梵〕）：一種禪定的狀態，其特色是靜定在一內在觀察對象上。此外，奢摩他亦有身心柔軟，將外馳內收於心的特點，亦稱爲「靜定」。

密宗／密續（tantra〔梵〕）：直譯爲「接續」。在佛教中，密續有兩層基本意義——一方面指的是修持體系，另一方面指的是闡釋修持派的文獻。密續揭示精微的技巧，使修行者能將不和諧的情緒，轉化爲了悟的喜悅境界。這些教法據傳是釋迦牟尼以密教觀想本尊之形態示現時所指。

密乘（Tantrayana〔梵〕）：大乘佛教之一支，以密續經文爲本，也稱爲金剛乘和密咒乘（眞言乘，Mantrayana）。

【十二劃】

無上瑜伽密（Highest Yoga Tantra，Anuttarayogatantra〔梵〕）：爲密宗四類密續中最究竟的法門。藉由強調不同修行重點來分類，像是外部修行、觀想、內在瑜伽修行，以及示現三身的技巧。

【十三劃】

煩惱（delusions，klesa〔梵〕，nyon mongs〔藏〕）：擾亂心識並蔽障其表達純粹本性的心理擾動。人的三個主要煩惱或「三毒」爲：貪／執取、瞋／恨意、癡／妄識，這是使人誤解實相本性的基本無明。

業力（karma〔梵〕）：直譯爲「行動」。包含我們實際肢體行動、語言、各種心理活動，和因這些活動而在個人心識上所留下的心理印記和習性等，而這些會存留於相續的心識瀑流之中，隨著我們的輪迴不斷延續下去。這些業力潛因在以後遇到適當環境和條件（外緣）後，就會產生其作用力。業力的法則有兩大特性：(1)一個人絕不會遭受任何沒有做過之行爲的業果。(2)一旦做出某種行爲後，其潛在的業力就一定會存在，除非是用特殊的處方才得以解消。

辟支佛／緣覺／獨覺（pratyekabuddha〔梵〕）：有時英文譯爲「孤獨的覺者」，意指不靠口頭傳授而達到解脫境界者。參見「聲聞」條。

經（sutra〔梵〕）：釋迦牟尼佛親自向大眾開示的最原始論述。

經乘（Sutrayana〔梵〕）：整個大乘佛教的開悟之道，是由兩派系統來支撐其架構，即經乘與密乘。

經乘所包含的論述系統及修行法門都是以顯經之內容做爲其根基。

瑜伽行派（Yogachara〔梵〕）：在此指的是與唯識宗同義之詞。

【十四劃】

寧瑪（Nyingma〔藏〕）：藏傳佛教最古的宗派，以第八、九世紀引進西藏的教派傳統和經典爲基礎。

僧伽（sangha〔梵〕）：爲僧眾與尼眾等誓願修行者的靈修生活圈。當所指爲皈依對象的三寶之一時，那就是指由一群對實相的究竟本質即空性已獲證悟的人所組的莊嚴殊勝團體，僧院爲其代表。

【十五劃】

輪迴（samsara〔梵〕）：輪迴是指受因果業力以及過去無數世行爲印記所支配的一種存在狀態。人過去遭遇的種種狀況會一再出現，即一般所謂痛苦的生死輪迴。

【十六劃】

噶當派（Kadampa〔藏〕）：藏傳佛教噶當派的信徒，此派是由十一世紀的印度學者兼聖人阿底峽及其西藏門徒仲敦巴。此一派別尤以著重菩薩理想的實際應用而出名，同時也促進了「修心」——「心的訓練」或「思維的轉換」這種著作和修法傳統的發展。

龍樹（Nagarjuna）：第二世紀時，佛教中觀宗的創始人。

【十七劃】

彌勒（Maitreya）：爲釋迦牟尼佛的八大菩薩弟子之一。據傳他所著的五大著作（審按：藏傳彌勒五論爲：《現觀莊嚴論》、《大乘莊嚴經論》、《寶性論》、《辨中邊論》、《辨法法性論》）爲印度佛教唯識派的基礎。

聲聞（shravaka〔梵〕）：「聞者」，在以經文爲基礎的佛教文獻中，指涉三類靈修之一種——另兩類是緣覺和菩薩。聲聞傾向於但求自己解脫輪迴，著重於語文教授，其修行目的在於去除人我執的錯誤信念。

【十八劃】

薩迦班智達貢噶堅贊（Sakya Pandita Kunga Gyaltsen）：一一八二—一二五一，藏傳佛教薩迦派五祖之一（編按：即薩迦四祖）。

【二十劃】

（五）蘊（aggregates，skandha〔梵〕）：這是有情的五種主要能力，亦即所謂的色（形相）、受（感受）、想（知覺／分別）、行（制約／動機）、識（意識）。

菩提心（bodhichitta〔梵〕）：這是爲了能達到利益眾生目的，而誓願獲得完全開悟的利他心。

菩薩（bodhisattva〔梵〕）：指已生起利他菩提心，並朝向完全開悟道路上的靈修者。菩薩全心致力於爲眾生帶來福祉，在生死之輪迴中幫助眾生，不求個人的解脫。

引用書目

1. 經文

The Pratimoksha Sutra〔英〕；*Prātimokṣa-sūtra*〔梵〕；《解脫戒本經》（〔北魏〕般若流支譯，嘉興藏、磧砂藏收），《別解脫經》、《根本說一切有部戒經》（〔唐〕義淨譯，嘉興藏、磧砂藏收）

The Rice Sapling Sutra〔英〕；*Śālistamba-sūtra*〔梵〕；《稻稈經》

2. 印度論師所造諸論

提婆（聖天）

Four Hundred Verses〔英〕；*Catuḥśataka*〔梵〕；《四百論》（審按：法尊法師云，此書之後八品即《廣百論》）（大正藏，No.1570）

無著

Compendium of Knowledge〔英〕；*Abhidharmasamuccaya*〔梵〕；《阿毗達摩集論》（大正藏，No.1605）（《大乘阿毗達摩集論》，台北：方廣，民八十五）

月稱

Entry into the Middle Way〔英〕；*Madhyamakāvatāra*〔梵〕；《入中論》（《入中論釋》，〔明〕宗喀巴造，〔民〕法尊譯釋，妙香記，台北：方廣，民八十七）

法稱

Exposition of Valid Means to Cognition〔英〕；*Pramāṇavārttika*〔梵〕；《釋量論》（《釋量論略釋》，〔民〕法尊譯釋，台北：佛教，民七十三）

德光

Vinaya Sutra〔英〕；*Vinayasūtra*〔梵〕；《律經》

彌勒（慈氏）

Ornament of Clear Realizations〔英〕；*Abhisamayālaṃkāra*〔梵〕；《現觀莊嚴論》（《現觀莊嚴論略釋》，〔民〕法尊譯釋，台北：老古，民六十七）

Ornament of Scriptures〔英〕；*Mahāyānasūtralaṃkāra*〔梵〕；《大乘莊嚴經論》（波羅朗伽羅蜜

多羅譯，嘉興藏收）

Sublime Continuum〔英〕；*Uttaratantra*〔梵〕；《分別寶性大乘無上續論》《寶性論》（《寶性論新譯》，〔民〕談錫永譯解，香港：密乘佛學會，一九九六）

寂天

Guide to the Bodhisattva's Way of Life〔英〕；*Bodhisattvacaryāvatāra*〔梵〕；《入菩薩行》（《入菩薩行譯注》，如石譯，台北：藏海，民八十六）

Compendium of Deeds〔英〕；*Śikṣāsamuccaya*〔梵〕；《學處集要》，《大乘集菩薩學論》（大正藏，No.1636）

推薦書目

1. 英文部分

Dalai Lama. *A Flash of Lightning in the Dark of Night*. Boston: Shambhala, 1994.

Dalai Lama. *Kindness, Clarity, and Insight*. Ithaca, NY: Snow Lion Publications, 1984.（中文版：慈悲與智見，施郁芬、廖本聖譯，橡樹林）

Dalai Lama. *The Path to Bliss*. Ithaca, NY: Snow Lion Publications, 1991.（中文版：達賴喇嘛說幸福之道，薛絢譯，立緒文化）

Dalai Lama. *The World of Tibetan Buddhism*. Boston: Wisdom Publications, 1995.（中文版：藏傳佛教世界，陳琴富譯，立緒文化）

Hopkins, Jeffrey. *Emptiness Yoga*. Ithaca, NY: Snow Lion Publications, 1987.

Garfield, Jay. *The Fundamental Wisdom of the Middle Way*. New York: Oxford University Press, 1995.

Khyentse, Dilgo. *Enlightened Courage*. Ithaca, NY: Snow Lion Publications, 1993.（中文版：覺醒的勇

氣——阿底峽之修心七要，頂果欽哲法王著，賴聲川譯，雪謙文化）

Piburn, Sidney, ed. *The Dalai Lama: A Policy of Kindness*. Ithaca, NY: Snow Lion Publications, 1990.

Powers, John. *Introduction to Tibetan Buddhism*. Ithaca, NY: Snow Lion Publications, 1995.

Richen, Geshe Sonam. *The Thirty-seven Practices of Bodhisattvas*.（佛子行三十七頌）Translated & edited by Ruth Sonam. Ithaca, NY: Snow Lion Publications, 1997.

Shantideva. *A Guide to the Bodhisattva's Way of Life*.（入菩薩行）Translated by Stephen Batchelor. Dharamsala, India: Library of Tibetan Works and Archives, 1979.

2. 中文部分（本部分爲中文版審訂者另造）

達賴喇嘛，《慈悲與智見》（*Kindness, Clarity and Insight*），施郁芬、廖本聖譯，橡樹林。

達賴喇嘛，《藏傳佛教世界》（*The World of Tibetan Buddhism*），陳琴富譯，台北：立緒，民八十六。

達賴喇嘛，《點亮心靈之光》（*Awakening the Mind, Lightening the Heart*），曹小容譯，台北：聯經，民八十六。

達賴喇嘛，《邁向解脫之路》（*The Way to Freedom*），夏春梅、王惠雯譯，台北：聯經，民八十六。

達賴喇嘛，《慈悲心，菩薩行》（達賴來台開示集），台北：中國佛教會，民八十六。

達賴喇嘛，《中觀之鑰》，法音譯，台北：佛陀教育，民八十六。

達賴喇嘛與高曼等，《心智科學》（*Mind Science*），靳文穎譯，台北：眾生，民八十四。

宗喀巴造頌，帕繃喀講授，《三主要道》，仁欽曲札譯，台北：護持大乘法派，民八十六。

橡樹林文化 ❖❖ 善知識系列 ❖❖ 書目

JB0001	狂喜之後	傑克·康菲爾德◎著	380 元
JB0002	抉擇未來	達賴喇嘛◎著	250 元
JB0003	佛性的遊戲	舒亞·達斯喇嘛◎著	300 元
JB0004	東方大日	邱陽·創巴仁波切◎著	300 元
JB0005	幸福的修煉	達賴喇嘛◎著	230 元
JB0006	與生命相約	一行禪師◎著	240 元
JB0007	森林中的法語	阿姜查◎著	320 元
JB0008	重讀釋迦牟尼	陳兵◎著	320 元
JB0009	你可以不生氣	一行禪師◎著	230 元
JB0010	禪修地圖	達賴喇嘛◎著	280 元
JB0011	你可以不怕死	一行禪師◎著	250 元
JB0012	平靜的第一堂課——觀呼吸	德寶法師 ◎著	260 元
JB0013X	正念的奇蹟	一行禪師◎著	220 元
JB0014X	觀照的奇蹟	一行禪師◎著	220 元
JB0015	阿姜查的禪修世界——戒	阿姜查◎著	220 元
JB0016	阿姜查的禪修世界——定	阿姜查◎著	250 元
JB0017	阿姜查的禪修世界——慧	阿姜查◎著	230 元
JB0018X	遠離四種執著	究給·企千仁波切◎著	280 元
JB0019X	禪者的初心	鈴木俊隆◎著	220 元
JB0020X	心的導引	薩姜·米龐仁波切◎著	240 元
JB0021X	佛陀的聖弟子傳 1	向智長老◎著	240 元
JB0022	佛陀的聖弟子傳 2	向智長老◎著	200 元
JB0023	佛陀的聖弟子傳 3	向智長老◎著	200 元
JB0024	佛陀的聖弟子傳 4	向智長老◎著	260 元
JB0025	正念的四個練習	喜戒禪師◎著	260 元
JB0026	遇見藥師佛	堪千創古仁波切◎著	270 元
JB0027	見佛殺佛	一行禪師◎著	220 元
JB0028	無常	阿姜查◎著	220 元
JB0029	覺悟勇士	邱陽·創巴仁波切◎著	230 元
JB0030	正念之道	向智長老◎著	280 元
JB0031	師父——與阿姜查共處的歲月	保羅·布里特◎著	260 元

JB0032	統御你的世界	薩姜・米龐仁波切◎著	240 元
JB0033	親近釋迦牟尼佛	髻智比丘◎著	430 元
JB0034	藏傳佛教的第一堂課	卡盧仁波切◎著	300 元
JB0035	拙火之樂	圖敦・耶喜喇嘛◎著	280 元
JB0036	心與科學的交會	亞瑟・札炯克◎著	330 元
JB0037	你可以，愛	一行禪師◎著	220 元
JB0038	專注力	B・艾倫・華勒士◎著	250 元
JB0039X	輪迴的故事	堪欽慈誠羅珠◎著	270 元
JB0040	成佛的藍圖	堪千創古仁波切◎著	270 元
JB0041	事情並非總是如此	鈴木俊隆禪師◎著	240 元
JB0042	祈禱的力量	一行禪師◎著	250 元
JB0043	培養慈悲心	圖丹・卻准◎著	320 元
JB0044	當光亮照破黑暗	達賴喇嘛◎著	300 元
JB0045	覺照在當下	優婆夷　紀・那那蓉◎著	300 元
JB0046	大手印暨觀音儀軌修法	卡盧仁波切◎著	340 元
JB0047X	蔣貢康楚閉關手冊	蔣貢康楚羅卓泰耶◎著	260 元
JB0048	開始學習禪修	凱薩琳・麥唐諾◎著	300 元
JB0049	我可以這樣改變人生	堪布慈囊仁波切◎著	250 元
JB0050	不生氣的生活	W. 伐札梅諦◎著	250 元
JB0051	智慧明光：《心經》	堪布慈囊仁波切◎著	250 元
JB0052	一心走路	一行禪師◎著	280 元
JB0054	觀世音菩薩妙明教示	堪布慈囊仁波切◎著	350 元
JB0055	世界心精華寶	貝瑪仁增仁波切◎著	280 元
JB0056	到達心靈的彼岸	堪千・阿貝仁波切◎著	220 元
JB0057	慈心禪	慈濟瓦法師◎著	230 元
JB0058	慈悲與智見	達賴喇嘛◎著	320 元
JB0059	親愛的喇嘛梭巴	喇嘛梭巴仁波切◎著	320 元
JB0060	轉心	蔣康祖古仁波切◎著	260 元
JB0061	遇見上師之後	詹杜固仁波切◎著	320 元
JB0062	白話《菩提道次第廣論》	宗喀巴大師◎著	500 元
JB0063	離死之心	竹慶本樂仁波切◎著	400 元
JB0064	生命真正的力量	一行禪師◎著	280 元
JB0065	夢瑜伽與自然光的修習	南開諾布仁波切◎著	280 元
JB0066	實證佛教導論	呂真觀◎著	500 元

JB0067	最勇敢的女性菩薩——綠度母	堪布慈囊仁波切◎著	350 元
JB0068	建設淨土——《阿彌陀經》禪解	一行禪師◎著	240 元
JB0069	接觸大地—與佛陀的親密對話	一行禪師◎著	220 元
JB0070	安住於清淨自性中	達賴喇嘛◎著	480 元
JB0071/72	菩薩行的祕密【上下冊】	佛子希瓦拉◎著	799 元
JB0073	穿越六道輪迴之旅	德洛達娃多瑪◎著	280 元
JB0074	突破修道上的唯物	邱陽・創巴仁波切◎著	320 元
JB0075	生死的幻覺	白瑪格桑仁波切◎著	380 元
JB0076	如何修觀音	堪布慈囊仁波切◎著	260 元
JB0077	死亡的藝術	波卡仁波切◎著	250 元
JB0078	見之道	根松仁波切◎著	330 元
JB0079	彩虹丹青	祖古・烏金仁波切◎著	340 元
JB0080	我的極樂大願	卓千拉貢仁波切◎著	260 元
JB0081	再捻佛語妙花	祖古・烏金仁波切◎著	250 元
JB0082	進入禪定的第一堂課	德寶法師◎著	300 元
JB0083	藏傳密續的真相	圖敦・耶喜喇嘛◎著	300 元
JB0084	鮮活的覺性	堪千創古仁波切◎著	350 元
JB0085	本智光照	遍智　吉美林巴◎著	380 元
JB0086	普賢王如來祈願文	竹慶本樂仁波切◎著	320 元
JB0087	禪林風雨	果煜法師◎著	360 元
JB0088	不依執修之佛果	敦珠林巴◎著	320 元
JB0089	本智光照—功德寶藏論　密宗分講記	遍智　吉美林巴◎著	340 元
JB0090	三主要道論	堪布慈囊仁波切◎講解	280 元
JB0091	千手千眼觀音齋戒—紐涅的修持法	汪遷仁波切◎著	400 元
JB0092	回到家，我看見真心	一行禪師◎著	220 元
JB0093	愛對了	一行禪師◎著	260 元
JB0094	追求幸福的開始：薩迦法王教你如何修行	尊勝的薩迦法王◎著	300 元
JB0095	次第花開	希阿榮博堪布◎著	350 元
JB0096	楞嚴貫心	果煜法師◎著	380 元
JB0097	心安了，路就開了： 讓《佛說四十二章經》成為你人生的指引	釋悟因◎著	320 元
JB0098	修行不入迷宮	札丘傑仁波切◎著	320 元
JB0099	看自己的心，比看電影精彩	圖敦・耶喜喇嘛◎著	280 元
JB0100	自性光明——法界寶庫論	大遍智　龍欽巴尊者◎著	480 元

JB0101	穿透《心經》：原來，你以為的只是假象	柳道成法師◎著	380 元
JB0102	直顯心之奧秘：大圓滿無二性的殊勝口訣	祖古貝瑪．里沙仁波切◎著	500 元
JB0103	一行禪師講《金剛經》	一行禪師◎著	320 元
JB0104	金錢與權力能帶給你甚麼？ 一行禪師談生命真正的快樂	一行禪師◎著	300 元
JB0105	一行禪師談正念工作的奇蹟	一行禪師◎著	280 元
JB0106	大圓滿如幻休息論	大遍智　龍欽巴尊者◎著	320 元
JB0107	覺悟者的臨終贈言：《定日百法》	帕當巴桑傑大師◎著 堪布慈囊仁波切◎講述	300 元
JB0108	放過自己：揭開我執的騙局，找回心的自在	圖敦．耶喜喇嘛◎著	280 元
JB0109	快樂來自心	喇嘛梭巴仁波切◎著	280 元
JB0110	正覺之道．佛子行廣釋	根讓仁波切◎著	550 元
JB0111	中觀勝義諦	果煜法師◎著	500 元
JB0112	觀修藥師佛——祈請藥師佛，能解決你的 困頓不安，感受身心療癒的奇蹟	堪千創古仁波切◎著	450 元
JB0113	與阿姜查共處的歲月	保羅．布里特◎著	300 元
JB0114	正念的四個練習	喜戒禪師◎著	300 元
JB0115	揭開身心的奧秘：阿毗達摩怎麼說？	善戒禪師◎著	420 元
JB0116	一行禪師講《阿彌陀經》	一行禪師◎著	260 元
JB0117	一生吉祥的三十八個祕訣	四明智廣◎著	350 元
JB0118	狂智	邱陽創巴仁波切◎著	380 元
JB0119	療癒身心的十種想——兼行「止禪」與「觀禪」 的實用指引，醫治無明、洞見無常的妙方	德寶法師◎著	320 元
JB0120	覺醒的明光	堪祖蘇南給稱仁波切◎著	350 元
JB0122	正念的奇蹟（電影封面紀念版）	一行禪師◎著	250 元
JB0123	一行禪師　心如一畝田：唯識 50 頌	一行禪師◎著	360 元
JB0124	一行禪師　你可以不生氣：佛陀的情緒處方	一行禪師◎著	250 元
JB0125	三句擊要： 以三句口訣直指大圓滿見地、觀修與行持	巴珠仁波切◎著	300 元
JB0126	六妙門：禪修入門與進階	果煜法師◎著	360 元
JB0127	生死的幻覺	白瑪桑格仁波切◎著	380 元
JB0128	狂野的覺醒	竹慶本樂仁波切◎著	400 元
JB0129	禪修心經——萬物顯現，卻不真實存在	堪祖蘇南給稱仁波切◎著	350 元
JB0130	頂果欽哲法王：《上師相應法》	頂果欽哲法王◎著	320 元

善知識系列　JB0132

平心靜氣：達賴喇嘛講《入菩薩行論》〈安忍品〉

Perfecting Patience: Buddhist Techniques to Overcome Anger

作　　者／達賴喇嘛（Dalai Lama）
譯　　者／周和君、許芳菊
審　　定／杜文仁
特約編輯／應桂華
協力編輯／劉昱伶
業　　務／顏宏紋

總 編 輯／張嘉芳
出　　版／橡樹林文化
城邦文化事業股份有限公司
104 台北市民生東路二段 141 號 5 樓
電話：(02)2500-7696　傳眞：(02)2500-1951
發　　行／英屬蓋曼群島商家庭傳媒股份有限公司城邦分公司
104 台北市中山區民生東路二段 141 號 2 樓
客服服務專線：(02)25007718；25001991
24 小時傳眞專線：(02)25001990；25001991
服務時間：週一至週五上午 09:30 ～ 12:00；下午 13:30 ～ 17:00
劃撥帳號：19863813　戶名：書虫股份有限公司
讀者服務信箱：service@readingclub.com.tw
香港發行所／城邦（香港）出版集團有限公司
香港灣仔駱克道 193 號東超商業中心 1 樓
電話：(852)25086231　傳眞：(852)25789337
馬新發行所／城邦（馬新）出版集團【Cité (M) Sdn.Bhd. (458372 U)】
41, Jalan Radin Anum, Bandar Baru Sri Petaling,
57000 Kuala Lumpur, Malaysia.
電話：(603) 90578822　傳眞：(603) 90576622
Email：cite@cite.com.my

封面設計／兩棵酸梅
內文排版／歐陽碧智
印　　刷／韋懋實業有限公司

初版一刷／ 2019 年 04 月
初版三刷／ 2022 年 02 月
ISBN ／ 978-986-5613-92-1
定價／ 380 元

城邦讀書花園
www.cite.com.tw

國家圖書館出版品預行編目（CIP）資料

平心靜氣：達賴喇嘛講《入菩薩行論》〈安忍品〉／達賴喇嘛（Dalai Lama）作；周和君，許芳菊譯. -- 初版. -- 臺北市：橡樹林文化，城邦文化出版：家庭傳媒城邦分公司發行，2019.04
面；　公分. --（善知識系列；JB0132）
譯自：Perfecting Patience: Buddhist Techniques to Overcome Anger
ISBN 978-986-5613-92-1（平裝）

1. 中觀部

222.12　　108004674

書名：平心靜氣：達賴喇嘛講《入菩薩行論》〈安忍品〉　書號：JB0132

橡樹林文化

讀者回函卡

感謝您對橡樹林出版社之支持，請將您的建議提供給我們參考與改進；請別忘了給我們一些鼓勵，我們會更加努力，出版好書與您結緣。

姓名：＿＿＿＿＿＿＿＿＿＿　□女　□男　　生日：西元＿＿＿＿＿年

Email：＿＿＿＿＿＿＿＿＿＿＿＿＿＿＿＿＿＿＿＿

●您從何處知道此書？

□書店　□書訊　□書評　□報紙　□廣播　□網路　□廣告 DM　□親友介紹

□橡樹林電子報　□其他＿＿＿＿＿＿＿＿

●您以何種方式購買本書？

□誠品書店　□誠品網路書店　□金石堂書店　□金石堂網路書店

□博客來網路書店　□其他＿＿＿＿＿＿＿

●您希望我們未來出版哪一種主題的書？（可複選）

□佛法生活應用　□教理　□實修法門介紹　□大師開示　□大師傳記

□佛教圖解百科　□其他＿＿＿＿＿＿＿＿

●您對本書的建議：

＿＿＿＿＿＿＿＿＿＿＿＿＿＿＿＿＿＿＿＿＿＿＿＿＿＿＿＿＿＿

＿＿＿＿＿＿＿＿＿＿＿＿＿＿＿＿＿＿＿＿＿＿＿＿＿＿＿＿＿＿

＿＿＿＿＿＿＿＿＿＿＿＿＿＿＿＿＿＿＿＿＿＿＿＿＿＿＿＿＿＿

＿＿＿＿＿＿＿＿＿＿＿＿＿＿＿＿＿＿＿＿＿＿＿＿＿＿＿＿＿＿

＿＿＿＿＿＿＿＿＿＿＿＿＿＿＿＿＿＿＿＿＿＿＿＿＿＿＿＿＿＿

非常感謝您提供基本資料，基於行銷及客戶管理或其他合於營業登記項目或章程所定業務需要之目的，家庭傳媒集團（即英屬蓋曼群商家庭傳媒股份有限公司城邦分公司、城邦文化事業股分有限公司、書虫股分有限公司、墨刻出版股分有限公司、城邦原創股分有限公司）於本集團之營運期間及地區內，將不定期以 MAIL 訊息發送方式，利用您的個人資料於提供讀者產品相關之消費與活動訊息，如您有依照個資法第三條或其他需服務之業務，得致電本公司客服。

我已經完全瞭解左述內容，並同意本人資料依上述範圍內使用。

＿＿＿＿＿＿＿＿＿＿＿＿（簽名）

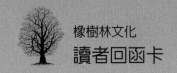

處理佛書的方式

佛書內含佛陀的法教，能令我們免於投生惡道，並且爲我們指出解脫之道。因此，我們應當對佛書恭敬，不將它放置於地上、座位或是走道上，也不應跨過。搬運佛書時，要妥善地包好、保護好。放置佛書時，應放在乾淨的高處，與其他一般的物品區分開來。

若是需要處理掉不用的佛書，就必須小心謹慎地將它們燒掉，而不是丟棄在垃圾堆當中。焚燒佛書前，最好先唸一段祈願文或是咒語，例如唵（OM）、啊（AH）、吽（HUNG），然後觀想被焚燒的佛書中的文字融入「啊」字，接著「啊」字融入你自身，之後才開始焚燒。

這些處理方式也同樣適用於佛教藝術品，以及其他宗教教法的文字記錄與藝術品。

ཡི་གེ་ཉི་ཤུ་རྩ་དྲུག་པ་འདི་དཔེ་ཆའི་ནང་དུ་བཞག་ན་དཔེ་ཆ་དེ་ཅི་འདྲར་
བགོམས་ཀྱང་ཉེས་པ་མི་འབྱུང་བར་འཇམ་དཔལ་རྩ་རྒྱུད་ལས་གསུངས་སོ། །

此咒置經書中　可滅誤跨之罪